回望云霞——我的教育之路

于云霞 著

天津大学出版社
TIANJIN UNIVERSITY PRESS

图书在版编目(CIP)数据

回望云霞：我的教育之路 / 于云霞著. -- 天津：
天津大学出版社, 2022.10
ISBN 978-7-5618-7335-9

Ⅰ. ①回… Ⅱ. ①于… Ⅲ. ①计算机课－教学研究－
初中 Ⅳ. ①G633.672

中国版本图书馆CIP数据核字(2022)第204495号

出版发行 天津大学出版社
地　　址 天津市卫津路92号天津大学内（邮编:300072）
电　　话 发行部:022-27403647
网　　址 www.tjupress.com.cn
印　　刷 北京盛通商印快线网络科技有限公司
经　　销 全国各地新华书店
开　　本 787mm×1092mm　1/16
印　　张 14.25
字　　数 220千
版　　次 2022年10月第1版
印　　次 2022年10月第1次
定　　价 32.00元

自序

细数46年的人生历程，一股感念在我的心底油然而生，成长、求学、工作可谓一帆风顺，虽偶尔掺杂点儿无奈和失落，但最终都坚持下来了。人们常说“不经历风雨怎能见彩虹”。我想说，静谧的彩虹更美丽。

我是20世纪70年代出生的，我的到来给全家带来了欣喜和忙乱。在我出生的两年后，妹妹出生了，我们俩成了家族中仅有的两个女孩。在那个重男轻女的年代，因为家里只有两个女孩没有男孩，母亲受了不少委屈。

父亲是那个年代为数不多的高中生，因受到当时村支书的青睐，他放弃了继续求学的机会，顺利通过选举，接了老村支书的班。母亲是个勤劳朴实的庄稼人，淳厚、善良，把生活打理得井井有条，日子过得红红火火。

我深觉幸运的是父亲、母亲从来没有因养育了两个女儿而觉得难堪或低人一等，反而将我们姐妹俩视为掌上明珠。我记忆中的童年是幸福的，留下的全是美好的回忆。那时因父亲经常出差，我和妹妹每次都期盼他给我们带回来漂亮的衣服和好吃的食物。父亲从来不让我们失望，总是惊喜不断。离家求学后，当听到有人说小时候曾受过父亲的皮鞭、棍棒之苦时，我感到很庆幸，因为在记忆里我从来没挨过父亲一次打，甚至连厉声呵斥都很少有。

母亲说，那时因为种种原因没人照看我们，农忙时节就把我们带到田地里，刨花生、剥玉米，与粮食为伍，跟虫子作战，生活倒也其乐融融，丰富多彩。长大后的我们个头高高的、身体棒棒的，应该缘于此。

转眼间我们就背着书包上学了，妹妹比我小两级。由于孩童好玩的天性，我一开始并不适应学校生活，学习毫无起色，但课外生活丰富多彩，掏鸟窝、摔泥巴、跳格子、捉知了……无忧无虑。在平淡顺利地进入初中后，我如离弦的箭一发不可收，一天一个变化，体育课与文化课并驾齐驱，代表学校参加区运动会，在学习上成为佼佼者。初中的三年时光令我永远难忘，那时的我在学校上夜自习，虽说放学回家时有同村的伙伴同行，但母亲还是不放心，说女孩子走夜路不安全。她每天晚上在村口等我，不管是刮风下雨，还是严寒酷暑。每每想到彼时情景，心中总涌现出一股暖流，多么伟大的母爱呀！

到了初三那年我要全力备战中考，挑灯夜读，与公鸡比早。母亲除了每天干家里的农活，为我调配饮食营养外，还负责每天早起叫我，晚上帮我熄灯，一天也就睡四五个小时。那段时间虽然在学习上累点，但因为有母亲全方位的照顾，我的脸蛋儿一天比一天圆。终于功夫不负有心人，我以优异的成绩考入了当时全国铁路重点中等专业学校——吉林铁路经济学校。这一消息在全村引起了轰动，我是全村唯一考入铁路系统学校的，也是唯一考上中专的（当时的中考制度是先录取中专，后录取高中），这着实让父母在村里风光了一把。

4年的中专生活可谓我人生中最重彩、最难忘的经历。来自全国各地的40名同学，朝夕相处，情同手足。当时的我自信满满，活泼的性格让我成为班里的活跃分子。体育场上有我矫健的身影，文艺演出舞台上有我青涩的歌声，学习榜上我又位居首位，我是老师眼中的好学生，同学眼中的"大神"，就这样我风光地度过了4年。

毕业分配时，有一个与我同专业、同籍贯的女校友被分配到工程局，而我因各方面成绩出色，被顺利地分回了济南铁路局（现中国铁路济南局集团有限公司）。在日照车辆段、临沂机务段和日照铁路职工子弟中学（现曲阜师范大学附属实验学校）三者之间我选择了学校。

工作初期，因非师范学校毕业，我拒绝教学。当时我想，要是想当老师中考时我就选择师范学校了。可后来发现，在学校里只有教学才能真正体现自己的价值，一直当主角的我沦为了配角，一时彷徨无助，找不到人生的目标。那时的我逢试必考，考取了助理经济师、买了报考公务员的书……陷入一种不知何去何从、到处乱撞的状态。

后来我接受了现实并直面挑战，开始猛攻心理学、教育学，考取普通话水平测试等级证书、教师资格证，为走上讲台做积极充分的准备。在第二年学校组织的教师基本功比赛中我取得了第一名的好成绩，其中钢笔字、粉笔字考试各获单项第一名，这对我是个极大的鼓舞和鞭策。

在学校领导的信任和帮助下，我很快就走上了讲台，且教授的课程深受学生喜欢，我的不懈努力与刻苦钻研得到了回报。在第一次中考，毫无经验可借鉴的情况下，我和学生摸索前进，结果信息技术课成绩超日照市平均分近10分。另外，我所辅导的学生在全国青少年信息学奥林匹克联赛中获奖，我还代表日照市参加山东省优质课比赛并荣获一等奖。

环境对人的影响至关重要。在26年的工作经历中，我有22年是在曲阜师范大学附属实验学校（以下简称曲师附校）度过的，是曲师附校肥沃的土壤培养了我，成就了我。多年的学校管理和专业成长经验让我对教育事业有了更深的理解，对自己也有了更大的抱负。所以，在我羽翼丰满有机会走出去的时候，我义无反顾地选择了到更需要我的地方继续为我心爱的教育事业努力奋斗。

2013年8月，我走进了日照经济开发区实验学校，开启了支教旅程。在支教的一年里，我感受到了城乡之间的差别，因此在立足学校实际的基础上致力于在教育均衡发展上起到桥梁和纽带作用。

2015年8月至2016年7月、2017年2月至2018年7月，我先后两次援疆。这将近三年的时光对我来说是极为宝贵的，感谢组织的信任和帮助，我既为有这样的历练机会而感到骄傲，也为自己在这三年中的成长而大声喝彩。在教育援疆的道路上，我努力过、奋斗过。支教在边疆，需要有更加坚定的理想信念和一往无前的勇气。永远难忘，有来自家乡的亲人们一起并肩奋战；永远难忘，援疆指挥部的领导们与我们同甘共苦，帮我们解决工作和生活上的困难；永远难忘，山东后方的各级领导百忙之中来考察工作，看望慰问我们；永远难忘，那些淳朴善良的同事，那些工作中的点滴和感动的瞬间。这些永远铭记在我的心中。

2021年8月，我再次走进农村学校——日照市东港区南湖镇中心初级中学。承蒙组织信任，能在这所乡镇中学主持工作，使命在肩，压力自然是小不了的。我总在思考，自己可以为这所学校、信任我的家长和纯真的孩子做点什么。

我也有一种被上天眷顾的宿命感——一个从农村走出来的孩子,又有机会回到农村从事教育工作。我感觉一路走来自己都在得到,如果仅把这一路的收获归结为幸运会显得有些不负责任,便借着这本书还原一个走出农村的教育人的半生浮沉,算是总结,也算是汇报交代。

教育改变人生,学习改变命运。在教育的田野里经过近半个甲子的耕耘,我深以为自己很幸运。我将怀揣一颗对教育永恒的爱心,脚踏实地,站三尺讲台,用无悔的青春来承载挚爱的教育梦!

于云霞
2022 年 7 月

目录

Contents

第一辑

树慧之百亩：我的教育理念

做一束点亮师生的光

“选择是一次又一次自我重塑的过程,让我们不断地成长,不断地完善。如果说,人生是一段不断选择的旅程,那么当千帆阅尽,最终留下的就是一片属于自己的独一无二的风景。”这是引起我共鸣的一段话。在26年的教育生涯中,我一次又一次地选择,不断锤炼意志、丰富知识,不断成长。在组织的培养下,我对教育事业无限热爱的情怀,得以更好地安放和抒发。

我在曲师附校任中层干部13年、校长助理2年;在日照市实验中学任副校长1年;在日照经济开发区实验学校支教1年;在新疆喀什麦盖提县支教两年半,任刀郎双语中学副校长、教学四部党支部书记,全面托管教学四部;在日照市东港区南湖镇初级中学(简称南湖中学)任党总支书记、校长。每一段经历都是宝贵的财富,塑造了现在的我,让我对不同区域、不同生源、不同性质学校的教育工作有了比较全面和深刻的认识。

在走过不少地方,换过几个单位后,我更加懂得换位思考,以心交心,以诚换诚,乐观豁达,我也认识到只有拥有较强的组织协调能力,才能够聚合多方力量助力学校的发展建设。

善于沟通,长于协调的我也敢于担当,乐于奉献。做人,我始终坚持把公平、正义、道德操守铭记在心,正直做人,磊落行事,识大体、顾大局。做事,我始终坚持精益求精,以强烈的事业心和责任感力求把每件事情做得更好,成功不贪功,失败不推责。当组织派我到农村学校工作时,我的挑战宣言是我要坚守初心,不断地自我挑战、追求卓越,不管干什么事都要做到极致,要将平凡的生活过得不平凡。

居人上者,人格第一,勇气第二,能力第三。从普通教师到学校中层干部再到全面主持学校的工作,这些成长的经历告诉我浓烈的教育情怀、敬业奉献的品质会形成强大的磁场,让一个领导者散发夺目的人格光芒。

让我欣慰的是,每走到一个单位,我都受得了大家深深的爱戴。有老师因为我的到来而在思想、专业发展上有所收获、提升。有学生，在我的帮助下，或重塑了自己，不断进步；或走出迷茫，不再困惑；或树立了远大理想，执着追求。有家长的赞同和认可。

教育家陶行知先生说：“做一个学校校长谈何容易！说得小些，他关系千百人的学业前途；说得大些，他关系国家与学术之兴衰。”校长对一所学校来说至关重要。古人云：“其身正，不令而行；其身不正，虽令不从。”作为一名校长，我对自己的要求是：做优秀的校长，做全校师生的领跑者，面向新时代，面向未来。

做校长，我还是一个初学者。我将以点燃自己，照亮师生的心态，努力做师生思想上的引领者，工作、学习上的带头人，做他们生活中的良师益友。我将努力以新的管理理念、宽广的视野、真诚的关怀、无私的奉献精神带领、感召全校师生向着光明的前方奋进。

诲人不倦:甘为人梯助力青年成长

一个人可能走得很快,但一群人才能走得更远。从教育的门外汉到日照名师,我走了很长的路,这一路上,离不开领导、前辈、同事的帮助和支持,所以在自己有能力帮助年轻人时,我总是不遗余力。

在曲师附校"青蓝工程"中,我遇见了对教育行业向往又渴望的实习老师们。一声"师父",我成了他们事业上的领路人。朱文华、刘淑梅、吕鑫在我的指导、关心和帮助下,坚定地成为教师队伍中的一员,并逐渐成长为学校和县市级教学骨干。我也成了她们生活中的"知心姐姐"。

"于老师,您要是早来就好了,我们也许会有更好的发展。您来后,我们的教研活动更高效了。"在日照经济开发区实验学校支教期间,我帮助过的青年教师牟欣老师如是说。(牟欣在2014年日照经济开发区教师基本功比赛中取得优异成绩)

"让原本一潭死水的我重燃工作的激情和干劲,帮助、引领我快速成长,找到努力的方向和目标。"这是2015年我支教的新疆喀什麦盖提县刀郎双语中学教师陈小芳对我的评价。我结对培养的4名徒弟已分别在教学、管理岗位上表现出较强的适应能力和工作能力。陈小芳已经是学部的管理骨干和学校的学科带头人。

2020年8月,我有了一个更广阔的平台——日照于云霞名师工作室(以下简称工作室)。作为工作室主持人的我十分珍惜这个机会,和一群志同道合的伙伴一起工作,发挥自己的优势,共赴远方。目前,工作室的工作有条不紊地开展,深入推进信息技术与教育教学的融合创新发展。工作室立足于教学难点、热点,以课题为依托,进行信息技术课程校本化的研究,推动创客教育、人工智能和STEM教育的实践和研究。

为了推进信息技术课堂教学改革和对高效课堂模式的探索,我带领工作室团队申报的山东省教学研究课题"计算思维导向下的区域编程教学整体性发展路径研究与实践"于2020年12月成功立项。

工作室还注重给青年教师争取机会、搭建平台,提高他们的专业素养和教科研能力。工作室成员牟磊和陈聪聪分别在山东省教育科学研究院初中信息技术"送教助研"活动和日照市初中信息技术教学研讨会上讲授公开课。2020年寒假期间,为了让初三学生有一本综合复习手册,工作室成员经研讨后编写了"Python学习手册"并免费发布。该手册使用率比较高,引起了很好的社会反响。

我与新教育：心为火种，点燃生命

心为火种，所以，只要我们愿意，我们的生命一定能够绽放光芒。这火光，将随着我们心脏的每一次跳动而明亮，而温暖。

——朱永新

一、一见钟情：我与新教育的缘起之路

（一）一个人走的忙乱时光

学生时的我成绩优异，却从没想过要当老师。中考后我报考了令人羡慕的铁路系统学校；毕业参加工作时，我选择了学校，但条件是不教课。然而造化弄人，20世纪90年代，计算机课被纳入初中课程，学科教师紧缺，恰巧我在读中专时学习了计算机知识。就这样，我承担了曲师附校的计算机学科教学工作。不想当老师的我，如今已投身教育事业26载，为教育事业奉献了自己的全部青春。

26年的教师生涯，最累的时候便是2010年前后。那时的我除了日复一日地站在讲台上讲授信息技术课之外，还在曲师附校负责行政工作，包括人事、党务和社会考试等。同事们总是开玩笑地说："于云霞办公室的板凳是坐不热乎的。"我像一个停不下来的陀螺，最累的时候是每年的4月和10月，因为这两个月的周末有社会考试在学校进行，我不仅每天迎着朝阳第一个入校，伴着夕阳最后一个离校，而且全月无休。

那些忙碌而缺少方向的时光，对我来说就像是黎明前的黑暗。

（二）遇见美好的怦然心动

多么优美的旋律啊，那一定是用一束束七彩光来谱写的吧！

多么纯净的歌声啊，那一定是从心窝窝里飞出来的吧！

我们把每一寸玲珑的晨光，都变作七彩的咏唱，变成一首首心田里的歌谣，

嚼成知识的芳香。

“我们与书香为伴，我们与良善为友，那一首首花蕊里的歌谣啊，飞进了我们的心窝窝。”这动听的旋律，这纯净的歌谣，还有你们脸上那灿烂的笑容，都是因为一个响亮的名字——新教育！

初闻新教育是在2010年，看着学校同人们积极投身其中，而我因为学科教学和行政工作偶尔参与，不曾深入思考，未能窥见它的全貌，领略它的魅力。2014年，在我为职业前景所困，疲惫不堪，发展进入瓶颈期的时候，我所就职的日照市外国语学校要在2014新教育国际高峰论坛上作为展示学校，对4年来的工作进行展示和总结。我幸运地参与了准备和服务工作，由此真正开启了我与新教育的不解之缘。

在高峰论坛上，阎丰坡校长向各位教育专家和新教育同人做了题为“奏真善美乐章　品新教育硕果”的工作汇报。聆听阎校长的汇报后，我对新教育有了初步而泛泛的认识，更具体地感受到新教育对学校发展的深刻影响。

郝翠英老师展示了带有新教育色彩的理想课堂，带给我巨大的震撼。我深深地意识到课堂是落实有效教学框架的途径，是师生共同发掘知识内在魅力的场所，是知识、社会生活与师生生命深刻共鸣的集聚地。

我开始致力于打造属于自己的理想信息技术课堂。备课、上课、研讨，我在这个过程中乐此不疲。除了专业知识的学习，我还向其他学科教师请教，一有空就拿着小板凳去听课，我经常会从其他学科的课堂中找到灵感并用于自己的课堂教学。山东省骨干教师高级研修班、名师名校长高级研修班等，我珍惜每一次学习和进修的机会。

我常常思考，信息时代科技日新月异，学生应该从信息技术学科中学什么，怎么学呢？近几年，任务驱动法等已经成熟地应用于教学中，但根据诺威格定律，一种教学模式占有率超过50%后，就很难再使教学创新了。2015年，泰山出版社出版的关于信息技术的新版教材倡导“项目学习”，完全解放学生的思想，强调提高学生的自主学习和探索能力，着重培养学生的创新精神和合作意识。这给了我很大启发，我的理解是技术在不断更新，我们应根据学生的接受能力和信息时代的需求,从生活中挖掘教学内容,通过自主、合作、探究的方式,让学生在实践中思考、创新,在交流评价中提升,培养学生的综合信息素养(信息意识、信息知识、信息品质和信息能力)。“为有源头活水来”,我逐渐形成了自己的教学风格——“有技有味”,打造“信息技术活力课堂”。

功夫不负有心人,2015 年经过基本功和说课比赛的选拔,我讲授的“定格秋之美——图像的表现方式”获得全国初中信息技术优质课展评一等奖;2015 年 6 月,我被聘为日照市初中信息技术兼职教研员;2016 年,我在日照市初中信息技术研讨会上讲授公开课;2018 年,经考核合格,我被认定为“日照名师”;2019 年 4 月,山东省教育科学院组织的“送教助研”活动走进滨州,我应邀讲授了“技术再现诗词之美”,课程精彩纷呈,让人耳目一新。

为了打造理想的信息技术课堂,2020 年 8 月,我有了一个更广阔的平台——日照于云霞名师工作室。作为工作室主持人的我十分珍惜这个机会,和一群志同道合的伙伴一起工作,发挥自己的优势,共赴远方。目前,工作室的工作有条不紊地开展,深入推进信息技术与教育教学的融合创新发展。

2019 年 6 月,我主讲的“‘学’为中心培育核心素养的课堂革命 2019”系列课程之“基于思维品质培养的问题式学习”专题课程,被国家级培训项目的培训课程采用。2020 年 10 月,我在日照市初中信息技术教学研讨会上,做了题为“引入 STEM 理念,打造 IT 高效课堂”的经验交流。

感恩 2014 年这一场盛大的遇见,让我找到了从教生涯的一抹光亮——打造理想课堂。

二、牵手同行:这无与伦比的卓越旅程

结缘新教育,追光新教育。在新教育无数暖人而耀眼的光芒中,我最爱的那束光便是课程,卓越课程赋予师生生命之光!当我沉浸在新教育带来的幸福、完整的教育生活中时,我和我的同事又开启了卓越课程研发的新征程。

我领导课程团队将“研发卓越课程”落实在行动上,以“新教育卓越课程体系”为抓手,依托学校“人文社会探究室”“科学探究室”“图书馆”和“爱创

客”“心灵港湾”活动中心等场馆资源，在执行国家课程和地方课程标准的基础上，对课程资源进行二次开发和整合创新，研发了生命课程、公民课程、智识课程、艺术课程、学科整合式场馆特色课程等卓越课程，构建了国家课程、地方课程和校本课程相结合的多元课程体系。

课程团队依托学校研发了四门课程：“绮丽30年——学校发展纪实”“我们记得你——优秀学子成长故事”“筑魂美师”“我爱学校美——校园文化解读”。前三门课程旨在让“我以学校为傲，学校因我而荣”的铮铮誓言内化为成长的动力，把自“我”融入学校发展的血脉，在自信勤勉中成就闪闪发光的自己。“我爱学校美——校园文化解读”则重在以文化育人，以美育人，用学校三年、六年或者九年的教育为生命打底。

在我和同事的努力下，曲师附校在卓越课程研发上成绩斐然。2019年3月，全国新教育实验日照开放周暨“研发卓越课程”专题研讨会召开，曲师附校为现场展示校之一。我勇敢地挑起了重担，与专家交流寻找思路，与教师座谈确定内容。“迎宾仪”“新教育叙事”的课程内容，我们从讲稿到演示文稿，一字一句，一音一画，力争完美。大家白天统筹工作，追求细节；晚上制作课件，精雕细琢。依托场馆资源，在全体师生的共同努力下，卓越课程得以精彩呈现，赢得了与会人员的高度评价。

最令我骄傲的是我所负责的AI创客校本课程作为压轴课程在研讨会上进行了展示。学生们带着亲手制作和组装的无人机登上舞台；AI创客校本课程团队的火箭炮小组，动作连贯，一气呵成——准备，瞄准，发射；AI创客校本课程团队编程小组，从电路连接、电子元件的焊接，到传感器的使用，再到智能车的编程，经过不断的积累，慢慢地把创意应用到了实践中。

在我所参与开发的卓越课程中，较成功的是“舞动的文字”这一系列。

曲师附校是日照市东港区一所九年一贯制学校，是山东省规范化学校、山东省教学示范学校、日照市书法家协会书法公益培训基地、山东省首批传统文化体验教育实验学校。曲师附校非常重视中华优秀传统文化的教育，依托科技馆、人文馆、党史馆、民族馆、孔子广场等打造“场馆+文化”的特色教学模式，弘扬优秀传统文化。鲁国春校长是山东省书法家协会会员、日照市书法家协会教育委员会主任,在书法、篆刻方面有深厚的功底,喜欢研究甲骨文。受其影响,我们积极思考怎么样让甲骨文“活”起来和通过什么方式让甲骨文走向师生。课程团队决定把甲骨文作为传统文化教育的内容之一引入学校,引进课堂。与此同时,山东省教育厅开展“山东省甲骨文特色学校”评选活动,我们以此为契机,进一步提升甲骨文教育特色,促进中华优秀传统文化的传承性创新。

“舞动的文字”甲骨文特色课程以文化育人,营造浓厚的文化氛围。曲师附校非常重视创建甲骨文特色学校工作,成立了领导小组和工作小组,多次召开专题研讨会议,制定实施方案;对全体教师进行甲骨文相关知识培训;成立“甲骨学堂”,普及甲骨文相关知识;开展甲骨文教学教研活动。全体教师人人参与,主动学习甲骨文知识,采用多种形式推动甲骨文文化进校园,营造浓厚的甲骨文校园文化氛围,着力打造甲骨文特色学校。

因势利导,我们构建科学完善的课程体系。

1. 编写甲骨文校本教材

组织语文教师研究人教版统编小学语文教材生字表,从中找出与生字相对应的甲骨文,编写了《舞动的文字》校本教材,有“字体演变”“字形解说”“字义转化”“相关知识介绍”“甲骨文写绘”等章节。

2. 设计甲骨文微课程

中国传统文化符号有很多,包括极具民族特色的十二生肖,“丰”“福”“寿”等吉祥文字,花中四君子梅、兰、竹、菊,二十四节气等。结合这些富有中国传统文化特色的元素符号,老师们设计了甲骨文课例,录制了甲骨文微课程——“中国人”“中国梦”“家国情怀”“相亲相爱一家人”“门户”“二十四节气”“十二生肖”“只争朝夕”“福寿有余”“厉害了我的国”……这些微课程通过微信、钉钉、校园网等线上平台提供给学生,学生可以在家和家长一起观看学习,并通过“小手牵大手”活动,在家长中也普及了甲骨文知识。这些微课程,不仅让学生、家长学习了甲骨文知识,传播了优秀的中国传统文化,还把爱家、爱国等思政教育渗透其中。

3. 成立甲骨学堂，组建甲骨文兴趣小组

曲师附校还成立了甲骨学堂，编写了甲骨学堂案例，利用每周三下午校本课程的时间开展专题讲座、汉字知识学习、书写篆刻练习、优秀课例观摩等多种活动，让对甲骨文感兴趣的师生更加深入地学习。

有了专门的课程，如何将其运用到教学中来？我们主张“一主多翼”，打造特色鲜明的教学模式。依托甲骨文课程体系，曲师附校打造了以语文教学为主渠道，以美术课、书法课、甲骨学堂、创客小组为辅助的“一主多翼”的教学模式。

语文课作为学习甲骨文的主阵地，在随文识字和集中识字时引入甲骨文。通过字体演变、字源探究、字形字义解析，将汉字的结构、历史发展和文化内涵引入语文教学，不仅让学生认识生字，还追根溯源，告诉学生汉字从何而来。学生学习汉字的兴趣高涨，学习效果显著提高，不仅扎实地掌握了汉字的本义，还在幼小的心灵里播下了文化的种子，让中华基因代代传承。

美术课通过手工制作、绘画、篆刻等多种形式学习甲骨文，书法课则加强软硬笔书写甲骨文训练，创客小组利用激光雕刻等现代化的手段制作甲骨文作品，甲骨学堂重在引导学生深入学习甲骨文相关知识。

“一主多翼”的教学模式，彰显不同学科的特色，让甲骨文融入课堂教学，如涓涓细流滋润学生心田。

4. 百花齐放，开展丰富多彩的主题活动

曲师附校根据日常教学，结合节假日、“月”“节”活动以及校园大型活动开展多种形式的甲骨文学习活动——甲骨文识字小能手、用甲骨文绘制手抄报、用甲骨文绘画古诗词、用甲骨文制作创意书签、甲骨文书写大赛、用甲骨文制作小饰品……

甲骨文教学特色取得了突出的成效，日照市电视台《大家论教》栏目针对甲骨文教学对我校进行了专访，我作为主要参与人和同事们一起接受了采访，两期30分钟的宣传报道，在日照市教育界引起了强烈的反响。“舞动的文字”甲骨文特色课程被评选为2020年度“全国新教育实验十佳卓越课程”，鲁国春校长获“智慧校长”提名。

三、携手一生:打造最前沿的数码社区

信息化教育是新教育的明显特征,建设数码社区是新教育实验的重要内容,也是新教育实验“十大行动”(营造书香校园、师生共写随笔、聆听窗外声音、培养卓越口才、构筑理想课堂、建设数码社区、推进每日一事、缔造完美教室、研发卓越课程、家校合作共育)中与信息技术学科契合度最高的一个。信息技术革命是新教育的助推剂,是新教育得以实现的桥梁和通道。朱永新教授曾提出建立一个教育资源平台,集合全中国乃至全世界最优质的教育资源,让城市和乡村的孩子都能得到同等优质的教育资源,保证基本的教育品质。

朱教授提出的这些想法已在实践中。新教育实验不同于其他实验的一个非常重要的特点就是拥有自己的网络社区和实验管理平台,几十万知名教师汇集线上,共同分享,共同交流。但是我们也看到,建设数码社区相对于其他九大行动的火热进行仍稍显逊色,在各种实践和展示中我们很少看到这方面非常典型的案例。

(一)数码社区助力“停课不停学”

循着前行者的脚步,除了编程等相关课程的开发,才宝系统、希沃白板系统也陆续在学校推广使用。我领着老师们一起参加培训,认真仔细地学习系统的运用和维护知识。而数码社区也在新型冠状病毒肺炎疫情(以下简称疫情)防控期间全面投入使用。

受疫情影响,学生们无法返校学习。我和其他老师临危受命,科学谋划,充分利用信息化手段,精准施策,从2020年2月10日起拉开了线上教学的序幕,在延期开学的情况下做到了“停课不停学”。

在经历了一次次反复摸索和实践后,从最初的手忙脚乱到最后的驾轻就熟,网络成了师生间、家校间首要的沟通桥梁。以年级为单位制订线上教学计划,对老师和家长进行平台使用方面的培训,集体备课、线上研讨、作业检查、教学达标检测,一项项教学任务按计划有序进行,保证学生学业发展与健康成长相辅

相成。

接到延期开学期间“停课不停学”的通知后，我积极为线上教学工作提供保障：通过钉钉平台对老师和家长进行培训，让老师掌握线上教学技能，帮助家长为学生选择合适的终端设备进行学习；组织老师在线上集体备课和开展教研活动，发挥团队优势，共享智慧，做到每课必研讨、无备课不上课，减轻老师负担，提高教学质量，为线上教学工作提供了教研保障。曲师附校还专门成立了线上心理辅导小组，延期开学期间对学生进行心理干预，为学生提供心理健康保障。

在我和信息技术组同事提供的各种保障下，老师们克服了线上教学的种种困难，用心细致地工作，采用“学习任务单＋直播或点播＋检测反馈”的线上教学模式，以备课组为单位统一进度、统一内容、统一优质教学资料。老师提前一天向学生发送学习任务单，并利用网络平台上传学习资料，第二天采用直播或点播的方式让学生按照计划学习，再利用钉钉、微信、QQ 等平台进行作业布置、交流反馈和师生互动。老师们凭借扎实的教学基本功，运用线上教学平台温情地陪伴学生们度过了这段特殊的学习时光。

除了完成每天的教学任务外，在日照市东港区教育和体育局（以下简称东港区教体局）的指导下，我们还以年级组为单位统一教学内容、进度和教学资源，并进行日反馈、月总结，适时调整。语文、数学、英语三门课程基本保持两周学完一个单元，自习课从第一周开始就给学生推送体育运动、科学实验、手工绘画、音乐欣赏等活动素材及疫情防控知识，科学地指导学生安排学习和生活。学生学习后灵活选择、自愿展示，班主任则以美篇的方式展示学生的“学习成果”，如美食和手工作品等。

为了更好地推进线上教学，我及时准确地了解老师们线上教学存在的难题。首先，教师隔空上课，没有办法通过我们的“眼神令”“表情令”和“教鞭声”来控制整个课堂，没办法适时地提醒注意力不集中的学生。其次，部分家长复工以后，学生多由老人看管或无人看管，长时间使用电子产品对学生身心的影响等，使家长产生了很多担忧和顾虑。再次，因为授课时间缩短，老师课后需通过线上批改更多的作业来了解学情，而由于拍摄质量不佳，作业质量良莠不齐，导致老师眼累、心累；再加上作业上交时间不一致，二次批改反馈不及时等问题，都成了线上教学中难啃的硬骨头。

面对线上教学出现的种种问题，考虑到线上教学的独特性，我及时和老师们沟通，建议他们把更多的精力花在想办法调动学生的学习兴趣和热情上，培养学生独立学习的能力。

老师合理分配教与学的时间，不照搬正常课堂的教学形式，引导学生按照“任务驱动—问题导向—项目引领”的方式进行学习。同时，老师要提前进入线上课堂等待学生、调试网络，遇到网络卡顿，拿出预先准备好的问题让学生思考，或者及时通知学生观看微课、给学生安排作业等，以免浪费时间，以及分散学生的注意力。虽然线上课堂的时间有限但每节课要保证请两三名同学回答问题，以增强互动性，还可以利用视频电话会议或互动面板与学生进行问题交流、讲评作业，提高学生参与的积极性。

老师指导学生根据学校的课表制作自己的生活作息时间表，制订日计划、周计划、月计划，合理安排学习和生活。学生可以根据学习任务单进行准备和预习，在有疑问的地方做好标记，听课时重点关注。

因材施教，导之以行。教学内容多样化，增加趣味性。老师指导学生每天做眼保健操、健康运动、手工劳动等，将爱国主义、生命教育、健康教育等融入教学；依据学科特征，给学生布置适量的实践性、跨学科等综合性作业；集中讲解共性问题，个别问题单独辅导。

家校联手，合作共赢。老师主动与家长联系，密切关注学习群内的言论和学生的学习状态、心理变化，采取有效的调控手段，如视频聊天、微信留言等，及时给予学生心理疏导，多鼓励、多表扬，增强学生学习兴趣和信心。制定考核细则和考核办法，督促学生按时完成当日任务，并及时在钉钉群内表扬完成好的学生，激发大家学习的动力。建立 7~8 人的虚拟学习小组，督促学生“比、学、赶、帮、超”，增强激励效果。

老师们想方设法把课堂变得更加有趣，通过“飞花令”点名的方式让学生们集中注意力；通过抽红包给予奖励，激励他们做得更好……

针对老师们反映的线上批改作业问题，我也积极寻求解决方案。

（1）在改善教师“过度用眼”这一问题上，提倡布置作业时做到精心设计、控制数量，注重细节，以“磨刀不误砍柴工”的心态完善批改前期的细节，尽量剔除批改工作中的多余环节。

（2）面对全新的作业提交方式，家长和学生都没有经验。与其一遍遍地抱怨作业的拍摄质量，不如主动出击，由老师对家长和学生进行一次作业拍照技术的指导，告知他们上传作业照片的注意事项：注意光线，避免出现黑影，晚上拍摄时可以在边上开一盏台灯，或者把作业本竖起来，借助工具把作业本固定好等；注意方向，画面的方向是正的；拍照时，把手机抬到一定高度，镜头对准作业本，先聚焦再竖屏拍摄；注意画面大小，尽量将作业满屏拍摄，一页一拍，不出现杂乱的背景。有了这些具体细致的要求，学生上传的照片就会清晰，教师就能省去诸如旋转、放大图片等多余动作，批改工作就能相对流畅便捷。

（3）针对线上作业“教师批改反馈—学生接受反馈—订正作业—上传作业—教师再次批改反馈”每一步均存在时间差，无法做到面对面反馈的快速和高效的问题，为了改善老师“望网兴叹”的局面，要求老师一开始便告知家长如何查看作业反馈及自己批改作业的时间段。批改作业的时间段要依据学生作业上传的实际情况而定，如果学生上传作业的时间集中在下午5点前或晚上7点前，那么批改作业的时间可以定在下午4~5点或晚上7~8点这两个时间段。这样一来，不仅老师的批改工作可以集零为整，避免时间碎片化，而且学生和家长能够“踩点”看反馈，及时补漏洞，便于及时推进后续环节。

（4）推荐培训老师合理使用平台的小功能，如“画笔涂鸦＋文字输入”“快捷评语＋自定义评语”等。

①“画笔涂鸦”功能就是点开图片，直接用手指在上面进行圈画，非常方便。但这种批改方式，呈现的反馈信息比较单一、有限，一旦反馈信息较为复杂，就难以实现。其实，在“圈画批改”功能中，除了“画笔涂鸦”，还藏着“文字输入”功能，只不过“圈画批改”功能默认的是“画笔涂鸦”，在使用时我们往往忽略了其后面的“T”图标。点击“T”图标可以输入文字，通过“画笔涂鸦＋文字输入”的

形式批改作业反馈的信息就精准多了。

②作业批改完成后,钉钉家校本中有个“提交评语”功能,老师可对学生本次作业的情况做一个总体评价,如写上一个等级、一句话表扬,或指出问题所在。但是每个学生的评价都要重新输入文字,这样会比较麻烦。这时,不妨使用“快捷评语”,这里有系统设计好的经典评语,选择一条适合的即可,方便快捷。但“快捷评语”并不适合所有作业。这时候,“自定义评语”就可以大展身手了。针对每一次布置的作业,老师可以“量身定做”几条评语,将它们保存在“快捷评语”库中,批改时选择相应的评语即可。如此,能最大限度地提高线上批改作业的效率。

③利用钉钉家校本中的“一键分享”功能,把优秀的作业及时分享到班级群中,再有针对性地进行表扬,如:你的作业太完美了,老师忍不住多看了几眼;看到你的作业,我能想到你认真写作业时的样子有多帅;等等。通过营造线上班级教室氛围,既能让家长和同学感受到老师的用情、用力、用心,又能让优秀作业可视化,调动学生认真写作业的积极性。

④将学生每天的作业表现情况进行简单记录,每周评选“居家学习小能手”和“进步之星”等,并在班级群内颁发电子奖状。这是一种阶段性激励。

学习是一种内源性的行为。对学生而言,无论线上还是线下,只是学习环境和学习方式等外因改变了,而在学习过程中起决定作用的是内因。学生的学习目标是否明确、学习态度是否端正、学习兴趣是否浓厚、学习习惯是否良好等,这些才是关键所在。

所以,线上或是线下教学,对学生而言没有本质的区别。而老师在做好分析本班学情、注重查缺补漏的同时还需要对线上知识点进行系统的、重点的复习讲解,督促学生温故知新,帮助学生养成良好的学习习惯。经历漫长的假期,缺少面对面的督促,学生自觉性较差,老师需多观察、多辅导。老师可通过平台给学生推荐学习资源,便于学生预习和复习。

加大对学习困难学生的帮扶力度,特别是家庭困难学生、赴疫情前线医务人员子女,确定帮扶名单,建立学习情况档案,进一步制定补偿性学习方案和辅导方案。

加强与家长的沟通。老师可以通过家访等方式更详细地了解孩子的居家学习等情况，减少学生使用电子产品的时间，促进学生身心健康发展。

回首过往，线上教学、开学衔接都曾是让老师头疼、学生困惑、家长无助的困难和挑战。也正是这些困难和挑战不断地被攻克、解决，才造就了我们“敢打硬仗、大仗，敢啃硬骨头”的光荣团队。随着教育信息化的不断推进，大数据教学意识的加强，心智模式的改变，我有信心、有决心继续做好在各种环境下的教学工作。

春耕夏耘、秋收冬藏。人人心中有爱，线上线下花开。这段特殊的教学经历满载着老师们的爱与期待，也让我们见证了孩子们的成长！

2020 年 4 月 10 日，在东港区线上教学区域协作研讨会上，我以“心中有爱，线上花开”为题进行了分享交流，针对线上教学存在的问题提出了 10 个应对策略，包括学校保障措施到位，教学方法灵活、多样、实用，教学进度科学合理，线上教学扎实有序推进等，特别是针对线上提交、批改作业提出的创新做法，得到了领导的肯定，非常有借鉴意义。

（二）打造一流“互联网 +STEM 创客教育”

为充分发挥九年一贯制教育优势，曲师附校在信息技术教育中小衔接问题上进行了深入的研讨和实践，学段贯通，学科融合，探索 STEM 教育、创客教育等新教育模式。创客教育能够实现“普惠 + 特长”培养，同时曲师附校引入了 STEM 教育。从社团活动和学科融合的尝试来看，融合 STEM 理念的学科教学，以项目式学习解决真实环境下的实际问题，更能激发学生的学习兴趣，培养学生的动手实践能力、创新创造能力、自主学习能力和合作能力。2019 年 7 月，曲师附校被选为山东省“互联网 + 教师专业发展”工程 STEAM 教育培育项目学校；2019 年 11 月，国家级课题“STEM+ 学科教学实践研究”成功立项；2020 年 1 月，曲师附校成功入选“中国 STEM 教育 2029 行动计划”第二批种子学校。

为进一步推进 STEM 项目活动的实施，曲师附校在加强原有创客空间建设的同时，着力进行了两个图形化编程学习平台的建设，以期打造学校以编程和兴趣培养为核心的特色 STEM 项目开展模式。

1. 主要针对小学段“Scratch+Arduino+‘C++’”的图形化编程学习平台

(1)软件部分。

学校基于 Scratch 2.0 源码二次开发了支持与 Arduino 开源硬件交互的模块,基于 Arduino IDE 开发了支持硬件电路编程的离线模式,可以用 C++ 进行代码编程,也可以图形化编程,广泛适用于中小学编程课和创客教育。该平台支持软硬件实时交互编程;通过简单的积木拖拽,即可看到程序运行结果。

(2)硬件部分。

①小车系列主控电路板采用开源硬件常用架构,基于 ATMEGA328P 微控制芯片,支持 4 路电机驱动、红外遥控、6 轴陀螺仪、光敏感应器、2 个全彩可扩展 LED、蜂鸣器、4 位 8 段数码管、USB 转串口、蓝牙通信、无线 PS2 手柄控制器、连续 5 V3 A 电流、8 路 I/O 扩展口、1 路超声波扩展口、3 路 I2C 接口、2 路 485 总线。全部接口可以在线图形化编程控制,也可以脱机烧录程序运行,还可以通过 C 语言或者 C++ 进行代码编程烧写。

曲师附校开展多项编程小车硬件电路与车体机械结构设计,目前搭载编程电路板和传感器、执行器的各型号小车,已参加省市各项赛事活动。

②无人机系列主控电路板采用 ATMEGA328P 微控制芯片,板载 4 路遥感模拟输入、无线模块、6 轴陀螺仪、4 位 8 段数码管、模拟器输出接口、1 路电位器、9 路开关输入、2 路电机输出、2 路扩展接口,3~9 V 宽电压输入。支持图形化编程。飞行控制电路板略有不同,板载 4 路有刷电机,3 A 电流驱动。

2. 主要针对初中学段“Blockly+Python”的图形化编程学习平台

图形化指令与 Python 代码实时对照,有利于学生入门和提高。通过封装一些基本传感器的代码,让学生的创意实现起来更简单,而且在进行 STEM 项目时可以方便快捷地融入信息技术方面的知识与技能。

在 2019 年日照市中小学生创客大赛暨第七届日照市青少年机器人竞赛中,曲师附校派出 10 支队伍共计 23 人参加了 WRCC“星际迷航”和云霄飞车比赛项目,经过一天的激烈角逐,取得了优异的成绩,包揽了 WRCC“星际迷航”项目的前 8 名，共获得一等奖 2 个、二等奖 4 个、三等奖 4 个。

本次比赛为小创客们的成长提供了一个很好的机会。学生们借助学校的创客空间，在比赛前一个多月的时间里，从研究比赛规则，到设计、安装智能车底盘和机械臂，再到整车编程与调试，不断优化智能寻线算法和调整程序架构。除了周末加班加点外，平常他们每天还要抽出至少一个小时的时间来创客空间学习、制作、编程。尽管经历了无数次的挫折与失败，但是小创客们没有一个人放弃。有时为了调试出更加稳定的程序，他们放学后就投入其中，连饭都顾不上吃。功夫不负有心人，虽然比赛的准备时间不长，但是小创客们还是圆满地完成了比赛任务，取得了优异的成绩。最重要的是在比赛的过程中，学生们的创新实践能力、逻辑思维能力、团队协作能力、抗挫折能力和吃苦耐劳的精神都得到了很大的提升。学校也以此为契机，进一步推动创客教育向更深层次发展。

四、新途旧爱：这令人向往的未来学校

2020 年 9 月，组织安排我到日照市实验中学工作。离开了熟悉的环境和同事，我的工作进入了新的阶段，要迎接新的挑战和考验。日照市实验中学的实际情况与曲师附校差别很大。我该如何开展工作，如何在新的学校实现自己的价值，发挥自己的作用？这一切都是未知的。

前事不忘，后事之师。回望二十几年的教育生涯，曾经给我指引和方向的是新教育。在这次迷茫中，我又尝试着从新教育中寻找答案。

命运是如此的奇妙，缘分就是在刚好的时候，恰巧遇见。在工作室推荐的必读图书中，我捧起了朱永新教授的新作《未来学校》，迫不及待地一口气读完这本书。读过之后我掩卷沉思，久久无法平静，眼前好像出现了一道光，照亮了前行的路。我之前对未来学校、未来教育的认识是模糊的、碎片化的，而现在脑海里忽然出现一幅清晰的未来学校的画面，未来学校从来没有像今天这样触手可及。

朱永新教授给我们描绘了未来教育的模样，而贯穿全书的一个中心词就是学习中心。

未来的学习中心,是一个近乎概念型、虚拟型的存在。这里没有围栏院墙,没有实体的固定教室,而是虚拟的网络空间;没有集体课程表和统一进度,每个学生都有自己的专属课程表,可以完全按照个人时间安排学习内容和进度;双休日、寒暑假的概念完全消失,只要你想学习,随时可以学习;没有严格的入学年龄,不必满六周岁才能上学,只要你成绩够好,12 岁也可跨入大学的校门。

未来的学习中心,是自由的,不必整齐划一。每个学生所用的教材可分为不同的级别,根据个人能力选择不同的级别。学生可自由地选择学习内容,自由地安排学习时间。未来学校的教育模式,为我们今后的教育发展指明了方向。教育变革不会像社会革命那样,有强烈的人为干预色彩,不会在瞬间发生翻天覆地的变化,但它会慢慢地影响我们的生活,丰富我们的思想,从而内化到我们的教育实践中。在这个过程中,如果我们能够积极主动地迎接,努力顺应通往未来的教育趋势,这个趋势就会朝着我们想要到达的方向发展,正像朱教授所说的,"未来已来,其实最好的未来就在我们当下,就在我们的手里,就在我们的创造之中"。

"行是知之始,知是行之成",互联网的发展是未来学校发展的前提,由此将引发教学模式和学习方式的变革。教师将成为自主学习的指导者和陪伴者。这让我意识到,我的专业优势和价值,也让我明白了我应该带给日照市实验中学创新的教育理念。

根据日照市实验中学信息化教学及信息化应用比较薄弱的现状,我思考如何让一所老城区的老学校焕发生机、与时俱进,如何找到学校的新发展点以更好地迎接未来的教育。我组织成立信息中心,加强信息化教育教学工作;成立创客社团,把创客教育引入学校,提升学生的科技创新能力和信息素养。在 2020 年 12 月第十八届全国中小学信息技术创新与实践大赛(NOC)决赛中,日照市实验中学的尹家铭和刘复涛两名同学以优异的成绩获得"机器人无人驾驶"项目一等奖,实现了学校在该奖项上零的突破。

我把教师信息技术应用能力提升工程 2.0 试点学校工作带到了日照市实验中学,运用 SWOT 分析法对学校的发展情况进行分析,确定了六个微能力点进行实践研究，并用信息技术优化课堂，促进学校"三三五"课堂教学模式的深入实施，增强学生自主性，提高课堂效率，提升教学质量。目前，培训学习已全部完成，测评任务正在有条不紊地进行。

好风凭借力，积极推动人工智能教育。日照市委、市政府将"在87所中小学校建设人工智能实验室，开设人工智能课程，培养学生的创新兴趣和实践能力"列为2021年度全市为民办实事项目。截至2021年5月底，87所中小学校已全部完成建设任务，日照市实验中学作为先行者，已于6月1日开课。我带领团队深入实践与推进人工智能教育，以学生为中心，优化课程结构，打造适合学校特色和学生发展的人工智能课程；探索人工智能与教育的融合共生，让人工智能与教育相互赋能，为学生的终身发展奠基。

从朱永新教授《未来学校》的智慧中，我意识到终身学习、全民阅读，将是未来促进人们成长的新形态。利用信息化手段推进全学科阅读，便成了我在日照市实验中学要推广的新理念。

在研究中，我携各科教研组组长开展了关于全科阅读的大讨论，我们认为"全科阅读"是全学科教师（语文、数学、英语、道德与法治、历史、地理、音乐、体育、美术、信息技术等学科教师）参与指导的课外阅读活动。阅读内容涉及历史故事、百科知识、天文、地理、计算机、图表、说明书等；阅读形式涉及纸质阅读、视听阅读等。这就要求各个学科都要制定阅读方案，探讨阅读方法，从而实现全科阅读。

没有固定的阅读时间是全科阅读活动面临的主要问题之一。如果仅把阅读当作学习和生活中见缝插针的一种行为，那么就不易养成阅读习惯，学生之间的阅读差异也会很大。为保障全科阅读正常开展，让每位学生都能坚持阅读并享受阅读的乐趣，我们尝试将全科阅读作为一门课程，排入学生的课程表，每天30分钟的晨诵，30分钟的晚读，每个学科每周至少有1节阅读交流课。当阅读成了每日必做的事情，学生的阅读习惯和兴趣就得以形成。爱上阅读，让阅读成为自主学习方式，已成为日照市实验中学一道美丽的风景。

阅读书目的筛选是全科阅读活动正常开展的重要因素之一。可喜的是，经过我们的努力“日照市实验中学全科阅读课程体系（样例）”已经进入定稿阶段，该课程体系将给不同年级的学生提供不同的阅读书单（包括必读和选读书目），帮助他们拓宽阅读面，加深阅读深度。相信在该课程体系的指导下，学生们会争取每周阅读一本好书，并做好记录，完成阅读课程任务单，从中得到很大的收获。

我们在该课程体系的指导下，确定语文学科以设计各类“阅读任务单”为主，其他学科以“阅读＋分享”为主的全科阅读方式，扎扎实实地推进全科阅读。现在，语文学科的每本书都有成熟的阅读分享及评价体系，其他科目的阅读也已经开展，但评价体系有待进一步完善。

由此，围绕全科阅读，学生的学习方式发生了改变，课堂不再是唯一的学习场所，书本也不再是唯一的获取知识的渠道。在各类活动中，学生通过阅读相关书籍，上网收集、阅读、整理各种资料，完成记录、填表、分析、统计等工作。每个学生都是阅读的主体和实践的主体。当阅读与生活和实践紧密结合在一起时，阅读将变得更加生活化，更有趣味性，也更有实效性。

学校管理与发展:用奋斗托举美好未来

作家丁玲说:“人,只要有一种信念,有所追求,什么艰苦都能忍受,什么环境也都能适应。”

2021年8月,天气依旧炎热,我的满腔热血如同这天气。我带着组织的委托、领导的信任来到日照市东港区西部乡镇南湖镇,主持南湖中学工作,开始了教育历程新篇章。

我怀揣教育均衡发展梦,坚定自己的信念,决心用自己的光照亮南湖这方土地。正像当年援疆一样,坚信自己,执着前行。

我因接受教育从农村走出来,看见了更广阔的世界,有了不一样的人生;作为一名教育工作者,我又因教育从城市回到农村,有机会影响一批又一批孩子,并实现自己的人生价值。

这是我的教育情怀,更是我的教育初心。我要为农村孩子点亮梦想,为乡村发展注入力量。

来到南湖中学,我感受到了一份沉甸甸的责任。我首先对学校情况做了详细调研,了解学校的发展历程、师生的基本情况和学校的发展潜能。

南湖中学是一所农村寄宿制学校,由原来的南湖一中、南湖二中、尹家河中学合并而成。就学生情况来说,南湖中学地处城乡接合部,随着城镇化进程的加快,学生流失严重,教学质量、办学规模受到了一定程度的影响。而且家长进城务工或离异、分居等特殊情况的学生越来越多。南湖中学在校生957人,特殊情况学生111人,占比较高。隔代抚养、单亲抚养、重组抚养的孩子,大多缺乏家庭的正确引导和更多的关爱。就教师情况来说,教师们很朴实也很努力,但是存在教师结构比例不协调问题,年轻教师很少,中老年教师是学校的主要力量。教师的视野需要拓宽,专业能力需要提升,士气需要鼓舞。学校校园环境、文化氛围亟待优化……

我根据现状做了思考:如何提升师生的幸福感、提升育人环境、提升学生的综合素养,如何激发师生的活力,如何完善管理制度,怎样做让人民满意的教育。

作为南湖中学的负责人,我对自己的要求是:做一名优秀的校长。我希望自己的光芒,能像灯塔一样照亮师生前行的路。给学生适合的教育,努力打造农村教育品牌,让校园美丽、师生幸福、家长满意,这些是我的追求。

奋斗目标:打造农村寄宿制品牌学校

华东师范大学陈玉琨教授说过:没有思路,就没有出路;没有作为,就没有地位;没有实力,就没有魅力;没有眼界,就没有境界。

作为学校负责人,我要做一名有境界的校长,根据实际情况,为学校确立长远的发展目标。

我的首要职责是要让南湖中学的口碑越来越好,牢牢记住:金杯银杯不如百姓的口碑。我带领全校师生齐心协力促进学校质量提升与特色化发展,努力打造农村寄宿制品牌学校,推动乡村教育振兴,从而助力乡村振兴。乡村振兴教育先行,这使我们进一步坚定了创办农村寄宿制品牌学校的信心。

提升学校文化气质　营造师生的精神家园

校园文化已经成为当今学校发展的新生长点和新境界。我十分重视校园文化建设与管理。

校园环境便是一种校园语言,是校园文化的重要组成部分,有着春风化雨的力量,传递的是思想、文化、自信和活力。可以说,校容校貌是师生精神面貌的体现。

来到南湖中学,我走遍了校园的每一个角落,看到的是学校路面失修、办公室布局不合理(分散在教学楼、办公楼和公寓楼)、学生公寓楼零散、多处设施设备需要完善和监控布置散乱等状况。

面对现状,我的心中有了目标:要建设文化润泽的学校,早日让校园更美、学校硬件设施更完善、教育更公平、师生的笑脸更灿烂。

我每天迎朝阳披星光，加班加点，奔波在南湖中学校园，为了让大家拥有美好的未来而努力。

为了优化教育教学环境、获得更多的教育资源，我积极与南湖镇人民政府、东港区教育和体育局沟通，争取得到各级政府部门的支持。

在投入超过55万元改造原教学楼、学生公寓楼供暖设施的基础上，又投入超过15万元，改造了男生公寓楼和教学楼供暖线路，并在每个楼层给学生配备了淋浴间，优化了学生洗浴环境，切实提升了服务品质，给学生创造了更好的生活条件。

为学校学生教室、学生公寓、教师办公室安装空调80余台；新建高端录播教室1间、更新电脑70台、安装饮水机10台、更新篮球架4副；投资60余万元对校园路面进行整修铺设；争取到资金50余万元，用于对学校厕所、危房、化学实验室等进行改造，更新了校园设施。在学校办公楼、教学楼前建设明德广场，使其成为学校的特色教室；建设了太阳绿地紫藤文化长廊，并将其作为室外爱国教育场所，其内展示了100位中华人民共和国成立以来的“感动中国”人物，倡导学生们以优秀人物为榜样，从中汲取力量，追逐梦想。各班级还可在长廊内举行诗词大会等各类适合在户外举行的教学活动，拓展场地使用功能，丰富老师授课方式，提高学生学习兴趣。明德广场致力于营造学校浸润式文化氛围，以文化塑魂，丰富学校的文化底蕴。

经过无数个日夜的努力，学校发生了日新月异的变化：从校园路面到图书馆，从学校环境到教学管理，从师资队伍到学生素质，每个方面都取得了长足进步。

每一个人对美好事物都有憧憬，我相信当师生内心产生审美渴望，在校园里寻找美和感受美的时候，美就产生了。当追求美蔚然成风，美的边界会不断延伸，教育的边界自然也会不断扩大。

当老师的一颗颗热忱之心、孩子的一张张璀璨笑脸布满校园时，我的内心是欢悦的，奋进的感觉是美好的。

党建引领汇聚发展动能

心有所信,方能行远。党是我们心中的灯塔。我对党的感情至真至纯,我的年龄就是父亲的党龄,可以说我从出生起就接受共产党员的先进思想。我在党的关怀下成长,令我骄傲的是,我在2004年也光荣地加入了中国共产党。

我怀着对党的无限热爱,以"灯塔"引航,一路执着奋进。

现在,我是南湖中学党总支负责人,我牢记自己的初心和使命,带领全体党员干部切实发挥学校党建"走在最前,做榜样"的龙头作用,全面提升党建工作水平,牢固确立党建工作在育人育才中的核心地位,以党建促学校发展,引导教干、教师凝心聚力,全面提升教育教学质量,全力推动学校高效发展。

全校上下航向准、风气正,教干、教师画好同心圆,形成强有力的合力。在学习引领、岗位帮带、为群众办实事等方面,充分发挥党组织的政治核心和战斗堡垒作用,以及党员的先锋模范作用,积极开展符合学校实际的意识形态工作。一个党支部就是一个战斗堡垒,一名党员就是一个标杆。

书香沁心,学习引领。为增强党员干部的责任感和使命感,学校积极组织开展唱红歌比赛、学党史主题演讲比赛、重温入党誓词等形式多样、内容丰富的党史学习教育。

我定期讲党课,并充分运用"灯塔—党建在线""学习强国"等网络学习平台,拓宽大家的学习渠道,并组织教干、教师集中观看《红旗漫卷西风》等爱国主义影片。

随着活动的持续开展,南湖中学形成了"学党史、悟思想、办实事、开新局"的浓厚氛围。

2021年12月,南湖中学组织全体教师党员参加了党史知识竞赛。我多次召开竞赛专题会议,详细部署比赛工作。

三个党支部的三支参赛队伍全力以赴备战,学得热火朝天,大家合作讨论,团结互助。比赛过程中,大家自信满满,对答如流,角逐激烈,气氛激动人心,展现了昂扬向上的精神风貌。

大家从党史学习中汲取力量，更坚定了自己的理想信念，立足本职岗位继承和发扬党的优良传统，不忘初心，牢记使命，笃定前行。

为了加强对青年教师的培养，我带领广大党员干部开展以老带新、以能带新的“青蓝结对”活动，实行“领导干部包学科提升”制度，迅速提升青年教师业务能力。一路走来，学校里留下了很多暖心的故事。

为群众办实事，关键是实干。我们结合南湖中学实际，聚焦提升校园品质，推进美丽、安全、智慧校园创建，加强基础设施建设，努力改善办学条件，优化育人环境。

我带领党员教师进社区宣传，进家庭送温暖、送关爱，带头捐款，走访贫困学生家庭、困难教师家庭、农村党员家庭。

为了满足群众的实际需求，学校开展“启智润心”学生关爱工程。“启智润心”大讲堂每两周一次进入社区、村庄，进行以家长与孩子的沟通技巧、普法宣传、婚姻家庭维护、社会主义核心价值观宣传等为主题的宣讲和服务活动，得到了群众的高度称赞，《黄海晨刊》对此进行了专题报道。

师德为先，师风为本。师德师风建设关系到学校的发展，我努力引导教干、教师热爱教育并提升献身教育事业的获得感和幸福感，广泛征求学校老师的意见，建立健全教师管理制度和教师考核机制。

南湖中学积极开展师德宣誓活动、“树师德 正师风”警示教育专题活动和“坚持立德树人、回归教育初心”主题演讲活动等。教师签订关于对“一票否决”的承诺书，如有违纪违规现象自愿接受处理。党员教师充分发挥示范引领作用，传播正能量，树立良好形象。

我了解教师的需求，也懂得他们的不容易，所以在工作和生活等方面积极为他们提供帮助。南湖中学的教师务实肯干，对学生无私奉献，演绎了一个个感人至深的故事，涌现出了一批业务能力强、综合素质高的教师。

南湖中学有 1 人被评为“山东省三八红旗手”，1 人被评为“日照名师”；3 人被授予“日照市优秀乡村教师”称号，2 人被授予“日照市优秀教师”和“日照市优秀教育工作者”称号,1人被授予“日照市教书育人楷模”称号,1人被授予“日照市师德标兵”称号, 5人被授予“东港区师德标兵”称号。2021年教师节期间,南湖中学56名教师被南湖镇人民政府分别授予“最美教师”“优秀教师”“优秀班主任”和“师德标兵”称号。

俗话说:“人心齐,泰山移。”作为南湖中学负责人,我的原则是讲团结,凝心聚力谋发展。学校管理需要大家和衷共济,所以我采用新格局、新思路,实施议事决策制度,由领导班子成员群策群力决定。此项制度,提高了大家的凝聚力和战斗力,形成了大事、小事集体决策,有事及时协调沟通的良好风气。大家思想到位,各负其责,在党建、德育、安全、教学等方面,做到了分工不分家,齐抓共管,行动对标,责任落地。

每位教师和学生都是一座宝藏

一、激发教师内生动力

(一)用欣赏和尊重,促进每位教师成长

一年有四季,春水、夏云、秋月、冬松各有各的美;学校有千人,智、勇、文、武各有各的长处。

就学校管理工作来说,最好的境界就是人尽其才,各得其所。校长应该做伯乐,知人善任,任人唯贤,欣赏、激励教师做适合自己的事情,充分调动他们工作的积极性和创造性;以“山不厌高,海不厌深”的胸怀,为教师的成长和发展创造机会、提供平台。

校长只有做到知人善用,学校事业方能蒸蒸日上。我一直努力做这样的学校负责人。

在我的心里,教师团队的重要性是不言而喻的。我要给他们底气和勇气,为他们搭建成长的平台,让他们做主人翁,找到归属感和职业幸福感。

每个人身上都蕴藏着巨大的潜能，一旦发现并挖掘了这种潜能，他们会爆发出惊人的能量，从而实现更高的价值，发挥更大的作用。

所以，我在日常工作中一直在努力发现老师的优点，并了解他们的需求。我欣赏、尊重和肯定每一位老师，关爱他们的成长。只要老师个人渴望历练，学校就给其提供条件，助其成长。

经过近两个月的观察和深入调研，我对中层干部结构进行了重新调整，通过干部竞争上岗，注入新鲜血液，壮大了干部队伍。老师们敢想敢干，通过岗位双向选择，他们都选择了适合自己的岗位，成为推动学校创新发展的新生动力。

我的管理方法既讲原则又充满人文关怀，尊重教师，充分发挥他们的潜能，促进教师实现自我成长。我希望全校 108 位教师心往一处想， 108 份力量凝聚在一起。学校的每一点进步，每一个成功都与大家息息相关。

因为自己淋过雨，所以总想替别人撑把伞。我积极为有需求、有上进心的教师寻求机会。2022 年入职的朱钰，是一位有能力、有学识、有担当的年轻教师，她一人担数职，勤奋学习、默默工作。我从实际出发，采取拜师结对的形式，给她选了师傅，并把她推荐给日照市英语名师工作室，让她有更多学习和锻炼的机会。这样的例子还有很多。我惜才爱才，只要老师们有需求，我都竭尽全力支持，甚至职工家属有需求，我也全力以赴。

“爱人者，人恒爱之；敬人者，人恒敬之。”我希望每一位教师都能得到更好的发展。学校的发展是一代又一代南湖中学人接续奋斗而来的。我尊重每一位为南湖中学奉献过青春的退休教师。每年的教师节、重阳节、春节等，学校都通过座谈会、走访慰问等形式拜访退休教师，向他们介绍学校的发展情况，邀请他们走进学校，让他们惦记学校、关心学校的情怀得以释放，让他们发挥余热，为学校的发展献计献策。

记得在第一次退休教师座谈会上，一位男退休教师满含热泪地说：“退休这么多年了，第一次受邀来到学校，很感谢校长关怀我，给我重温校园生活的机会……”看他哽咽着表达自己的心情，我也忍不住流下了感动的眼泪。作为普通的教育工作者，他们曾经为了教育事业默默耕耘，无私奉献，可谓“捧着一颗心来,不带半棵草去”。我将把前辈们的担当奉献精神传承下去,执着奉献,永不停歇。

我在工作中一直坚持给老师多一些关爱和激励。在我看来,这是一件件平常而微小的事情,却让一些老师不由自主地流下了感动的泪水。在南湖中学工作,老师们体验到了被尊重的幸福,大家的自觉奋进也内化于心,外化于行。

(二)名师引领,城乡联合办学谋发展

作为一所学校的校长,不但要有与时俱进的眼光,更要有战略发展的格局。

为了学校的发展,在东港区教育和体育局关于构建城乡教育共同体,全区教研一体化的政策指引下,学校积极开展工作,充分发挥学校名师示范引领作用,并与日照市新营中学、曲师附校、日照市实验中学等城区学校建立联合办学发展共同体,助推教师专业化发展和团队合作发展。

名师是学校师生敬仰和学习的榜样,是振奋人心、鼓舞士气的核心力量,是学校的标杆。东港区共有10个首批市级名师工作室,现在南湖中学拥有日照于云霞名师工作室、日照郝翠英名师工作室两个市级名师工作室。为充分发挥这两个名师工作室的示范引领和辐射作用,南湖中学成立了“教师成长工作坊”,以课堂教学为主阵地,以课题研究为抓手,启发老师对教学进行更深入的思考,帮助老师成长,促进学校教学与科研协同发展。

南湖中学“教师成长工作坊”的具体工作安排如下。

业务校长李良任“教师成长工作坊”总负责人,教导主任郝翠英为“教师成长工作坊”坊主,负责全面调度工作坊工作。“教师成长工作坊”又分设学科工作坊,成员由学科带头人、教研组组长、备课组组长、中青年教师组成,组织的活动包括团队建设、名师示范、交流分享、实践课堂、反思成长、绽放可期等。

“教师成长工作坊”每月举行一期课堂教学专题培训活动,由名师、骨干教师和邀请到的专家主讲。

2021年9月至12月,林静、郝翠英、于云霞、张红霞老师分别从学科角度做了主题为“聚焦双减,强课提质”的相关报告。

2021年12月17日，南湖中学邀请张红霞、郝翠英、于云霞三个日照名师工作室成员在学校开展了工作室教学研讨活动，三个工作室成员共讲了三节展示课，给老师们带来很大启发。

日照市实验中学张文老师展示的是一堂写作教学研讨课——“添‘声’加彩”。张文老师选点巧妙，设计新颖，运用联想法和心耳相通法，不断引导学生给自己的文章添加拟声词。通过这种方法，学生的文章立刻鲜活起来，学生的情感也被调动起来，都争先恐后地展示自己的作品。

张老师的“一课一得”法，是很有效的写作指导方法，使听课老师们受益匪浅。

日照市实验中学殷方成老师展示的是一节“学习描写景物”课，他带领学生在赏析精彩的课文中学习描写景物，从观察景物、抓住特点、善用修辞、注意顺序、调动感官、加修饰词六个方面指导学生写作。学生们学以致用、妙语连珠。这是一个跟着课文学写作的范例。

日照市东港区海曲中学王冰老师讲授Python编程课——“体温枪中的选择分支结构”。学生在难度逐渐升级的任务中探索选择分支结构的应用过程，感受程序编写在解决问题中的实际意义。这是一堂计算思维导向下的区域编程实践课。

以东港区构建城乡教育共同体，全区教研一体化的背景为契机，南湖中学努力推进城乡校际优势互补和资源共享，搭建城乡教育联系的桥梁，促进教育优质均衡发展，提高学校整体办学水平。

南湖中学积极与日照市新营中学、曲师附校结对共建，深入开展校际研讨交流活动。

我带领学校教干、教师到曲师附校学习交流，并促进两校签署了“城乡互联，结对共建”联合办学战略合作协议。

曲师附校鲁国春校长带领学校部分教干、教师及新疆麦盖提县跟岗研修团队教师来到南湖中学，正式启动两校联合办学活动，进行课堂教学“同课异构”校际研讨。活动中曲师附校和南湖中学的数学、英语、化学三个学科的六名教师,两两结对同讲一堂课。

王连峰(南湖中学)、路婧慧(曲师附校)老师共同讲授了九年级数学复习课“反比例函数”;付晓彬(南湖中学)、裴玉静(曲师附校)老师共同讲授了九年级英语课“Unit10　You are supposed to shake hands”;盛祥玲(南湖中学)、路尧(曲师附校)老师共同讲授了化学课“燃烧和灭火”。两校相关学科组近40名教干、教师,以及新疆麦盖提县跟岗研修团队教师参加了听、评课集体研讨活动。

“同课异构”,是指不同的授课老师结合自己的理解,从教学设计、教学方法、教学实施等多个方面对同一授课内容进行讲授。这种方式使老师个性化的教学风格得到了充分展示,做到了“同中求异,异中求同”,使同样的教学内容演绎了不一样的精彩,呈现出了风格各异、各美其美的课堂。

观课老师们看到了授课老师对同一教学内容的不同讲授方式,他们的不同策略和方法也在交流中得到了碰撞和升华。

曲师附校“以学为主,先学后教”的“一二五”课堂教学模式体现了先进的教学理念;南湖中学的老师立足农村中学实际,注重基础,阶梯推进,给老师们留下了深刻印象。

两所学校立足常态和常规教学工作,在学校管理、师资队伍建设、教育教学活动等方面进行深入交流和探讨。

联合办学为教师成长搭建了锻炼、交流、提高、发展的平台,既开阔了他们的视野,又活跃了他们的教育思想。

我们一直在工作中持续开展行之有效的交流活动,推进两校教育、教学、科研向纵深发展,使两校日渐形成携手共进、优势互补、资源共享、全面提升的局面。

(三)精耕常态课堂,践行有效教学

我常常在想,如何给教师搭建成长的舞台,帮助他们提升专业水平,提高课堂教学质量。

我充分抓住机遇,发挥城乡学校共建和名师示范引领的最大效能,持续开展骨干教师公开课、学科组精品展示课、青年教师素养大赛、外出交流返回教师汇报课、城区交流教师观摩课、常态课堂开放等多种形式的教学研讨活动。

南湖中学分年级、分学科每周安排一节优秀课，通过备课组老师之间的反复研讨，将其打磨成精品课例。通过集体备课打磨、课例展示、评课研讨等形式，老师围绕“双减”与打造高效课堂做深度探究，引领带动学科教学，构建高效优质课堂，充分调动学生的积极性，让学生动起来，课堂活起来，学习效果好起来，努力打造以提升学生学科核心素养为宗旨的高效课堂。

学校组织了青年教师素养大赛，大赛分学科进行，共设有普通话、粉笔字、知识问答、才艺展示、课堂教学五个环节。

比赛前，大家从以上五个方面做了积极全面的准备，为了更好地展示自己，大家都不甘落后，一时间掀起了学习的热潮。

前四个环节，参赛教师现场抽取题目，在规定的时间内作答；而课堂教学环节，参赛教师各有特色，赢得了听课教师的阵阵掌声。每个环节都由评委现场评分、现场公布成绩，并做现场点评。

赛场上，青年教师王慧、尹相艳、张丽华、付晓彬、董书昆、张秀萍等表现突出，给大家留下了深刻的印象。

此次大赛很好地展示了青年教师的能力水平和教学素养，既促进了教师的专业发展，又体现了课堂教学的进步及取得的成效。大赛将终身学习、持续发展的理念植入教师心中，有效地促进了学校教师队伍建设与教育教学水平提升。

南湖中学通过名师引领、学校共建、课题研究、“青蓝工程”、青年教师素养大赛等一系列活动，提高了教师业务水平，使他们迅速成长。

南湖中学 2021 至 2022 学年有三个课题获批立项，共打磨精品课例 198 节，有 5 人次获日照市“一师一优课、一课一名师”优课奖，22 人次获东港区“一师一优课、一课一名师”优课奖，9 人次获东港区优质课奖，8 人次获第三届东港区学科带头人、教学能手、教学新秀等荣誉称号。

(四)校长示范,坚守教学一线

“一辈子做教师,一辈子学做教师”。新时代立德树人,我充分发挥信息技术课程优势,不断开展创新教育。作为日照市信息技术教育前沿领域的践行者,我积极打造“信息技术活力课堂”,形成独特教学风格,打造学生最期待、最喜欢的课。

我曾分别荣获全国、省市级优质课一等奖,多次讲授省市级公开课,主讲的课例被评为国家级培训课程;推动创客、人工智能和 STEM 教育研究,主持多项课题,成绩突出;作为日照名师工作室主持人,积极带动教师发展,辐射区域教学。

担任校长以后,我始终没有脱离教学一线,一直承担初三年级的信息技术教学工作,带领教师研究学科发展动向。作为日照名师工作室的主持人,我依托工作室亲自带着他们进行教学研究,帮助他们成长进步。我每学期听课不少于 50 节,每周推门听课不少于 2 节,对每节课我都认真评课,与教师们耐心细致地交流,不仅肯定他们的优点,还真诚地指出他们在教学中存在的问题,并给他们提供有针对性的专业指导和提出合理的意见。

2022 年,东港区教育和体育局对南湖中学进行教学视导时,我讲授了公开课——探讨生活中的算法之美。教学视导人员对这次公开课给予了高度评价。

一是表扬了我作为校长仍然坚守教学一线,发挥榜样作用。二是肯定了课程设计基于新课标,项目取材于真实生活,以日常生活为主线,从情景的创设到问题的分解、抽象、建模、程序实现,由浅入深地引领学生进行深度学习,培养学生学科核心素养。

这次公开课内容从日常生活中的算法到计算机中的算法,体现学科融合,引导学生用计算机知识来解决熟悉的数学问题,分析算法的特征、价值、描述方法和计算机解决问题的一般过程。这次探究具有实际价值和社会意义。

我热爱课堂,喜欢与孩子们在一起。孩子们的成长进步是我前进的动力。

二、促进每一位学生发展

农村学生的生活和学习习惯与城市孩子存在明显差异。怎样让这里的每一位学生更好地发展是我最关注的。南湖中学立足农村学生实际，把"'五育'并举，实现学生多元发展"理念融入教育教学工作中，积极拓宽教育途径，丰富教育内容，给学生提供更适合的教育。在学习和生活中学校充分相信学生的能力，帮他们树立信心、完善自己，引领他们健康成长。

南湖中学多管齐下，不断激发学生的内驱力，以实现不同家庭环境中的学生都能在学校更好地成长。

(一)给学生适合的教育和环境

1. 了解是爱的基础

要想把教书育人做细做实，需要每一位教师对所教学生了如指掌，充分掌握学生的性格差异、思维差异、天赋差异。

根据农村家长知识水平的实际情况，南湖中学积极拓宽家校合作途径，开展"百名教师访千家"、做有温度的教育、"启智润心"大讲堂等培训活动。

为了更好地了解学生、服务学生、服务家庭，让每一名学生健康地成长，提高家校共育水平，南湖中学每月开展一次"百名教师访千家"家访工作。在入户家访方面，农村学校相对城市学校来说不是那么方便，全镇 82 个村庄跨度大，学生家庭住址分散。为了让学生们更好地成长，我们不畏困难，再远也能到达。每个月，我都带领教师以班组为单位走进村庄，走进家庭，了解孩子和家庭的情况，耐心细致地为家长答疑解惑，并真诚地听取家长的意见或建议。老师、家长、学生敞开心扉，畅谈现在，憧憬未来。家长认真倾听学校的建议，并纷纷表示配合学校老师做好工作，达成教育共识，共同关爱孩子成长。我们满载着关爱奔赴村庄，在一次次家访中实现家校团结协作。这一路走来，有欢乐，有收获，更有对未来的憧憬。

2. 因材施教是爱的深入

海纳百川,有容乃大。在“双减”背景下,立足农村学生实际情况,为了让每一名农村学生全面发展,尊重他们的个性特点,培养他们健全的人格,给予他们最适合的教育,我们采取了精准教学、分层教学、微小活动带动等一系列举措。

建立学情会商制度。我针对南湖中学现状,充分考虑学生学习的阶段性、差异性特点,建立学情会商制度,夯实集体备课研讨基础,切实提高育人质量。我经多方努力为学生搭建“勤思会学”舞台,定期组织开展教学教研会议、教研组长会议、阶段质量检测分析会议、班级教导会等。我欣赏大家凝聚智慧的做法,倡导教师集体备课研讨,充分发挥集体教研的作用,鼓励学科组积极推进先周集体备课研讨活动。19 个集体备课组,每周都利用固定的教研时间集体备课,深入探究“先学后教,当堂训练”的课堂教学模式,集体商讨作业安排,精心设计教学环节,以生为本,重视学生的“学”;同时就教学中存在的困惑、教学策略、学习状况进行探讨分析,形成既围绕教材内容又符合学生实际的教学方案,达到学生学懂、学足、学好的目的。

学科小活动搭建育人大平台。农村学生存在阅读量不足、计算能力较弱的实际问题。我一直在思考该如何逐项突破,进而提升学生的学科素养。我和业务校长、教导处老师、骨干教师积极探讨具体方案和措施,最终确定在教学实践中以小活动为切入点进行实践,全力培养学生的核心素养。我们积极开展学科小活动,让学生充分感知、体验、探究和延伸实践,从而提升他们的综合素养。学校按年级和学科组织开展诗词大会、经典诵读、读书报告会、数学计算大赛、英语口语大赛、语文 / 英语学科课前三分钟演讲、实验技能大赛、思维导图智慧树大赛等单项、小微学科竞赛活动,确保每个备课组每学期至少开展一项学科小活动。学科小活动让学生持续发力,成为学生发展进步的新舞台。学校给予进步较快的学生表彰,激发学生的进取心,从小处、细处单项突破,提升育人质量。

实施分层教学,精准育人。根据当前农村学生学习习惯养成情况不理想、知识基础差异较大和成绩两极分化严重的实际,我们积极探索推进小组合作学习、分层教学,对学生因材施教、精准施教、追踪补救,让不同层次的学生都参与到教学活动中来，帮助学生主动成长。小组合作学习即把全班同学分成六个小组。课前，教师根据学情设计科学合理的导学案。导学案的设计要兼顾各个层次的学生，内容包括基础知识、重点知识、拓展知识和检测题。课堂上，老师引导小组成员互助、合作探究，进行思想碰撞，从而培养学生的自学习惯，提升他们的自学能力，提高课堂教学的效率。

有了老师们的悉心教诲和全情投入，学生们的进步很大，成绩不断提升。随着各类社团活动的广泛开展，孩子们变得自信大方起来，家长们也都非常满意。很多家长对老师讲，在南湖中学就能享受到和城市学校一样的优质教育，大家很高兴，对学生和学校的未来满怀憧憬。

3. 德育是爱的根基

立德树人是教育的根本任务，培养什么样的人、怎样培养人是学校需要思考的问题。在“双减”背景下，我立足教育新生态理念，多措并举，筑牢学生德育成长的基座。

学生亟须精神的滋养。学校实施精细化管理，开启德育教育新模式，丰富文明校园新内涵，厚植爱国教育情怀，“五育”并举引导学生发展，不断增强德育价值感的吸引力和感染力，为学生成长注入精神营养。

活动育人，增强学生的社会责任感。为引导学生坚定理想信念，我们广泛开展社会主义核心价值观“进教材、进课堂、进头脑”的教育主题活动；深入开展以“中国梦”为主题的“争做美德少年”系列教育活动。我们组织团员学生走进社区、村庄开展“学雷锋”志愿服务活动、送温暖活动，看望孤寡老人，陪老人谈心解闷，为他们清理庭院；走进敬老院开展“爱满中秋节，浓浓敬老情”活动，给老人送上香甜的月饼，为他们献上精彩的节目，有甜甜的歌声、轻快的舞蹈，给他们带来了欢乐。

红色资源赋能，助力乡村教育振兴。结合南湖镇本土红色资源，我们每个学期都组织学生到南湖中学爱国教育基地——日照市抗日战争纪念馆开展教育活动。学校先后开展了“勿忘国耻”祭英烈、“国家公祭日”等主题教育，举办了励志演讲、青春献礼活动，组织了青春励志远行体验教育活动，通过多种渠道对学生进行德育教育,激发学生自主学习的内驱力。一系列活动让学生充分了解了家乡红色历史,增强了他们爱家乡、爱祖国的高尚情感。

例如,南湖中学多次组织学生了解家乡的革命历史,请讲解员详细地为学生们讲解"南湖惨案",介绍日照人民在党的领导下,不屈不挠的抗战史诗。日本侵略者于1938年5月12日,制造了抗日战争时期日照地区最大的一起惨案——"南湖惨案"。

现在的南湖河清澈见底,沙鸥翔集。但是当年的南湖河道被鲜血染红的情景,人民不会忘记。"南湖惨案"和革命先烈们的英雄事迹给学生们带来了强烈的震撼。学生对我说,原来从书本上只知道南京大屠杀,没想到自己的家乡也经历过这样的惨剧。学生们纷纷表示要珍惜现在的幸福生活,继承和发扬革命先辈们的优良传统,为早日成为国家栋梁而努力奋斗。

劳动教育开辟新天地。南湖中学大力倡导劳动教育,因地制宜地创建特色校园。作为农村学校,在这方面我们有自身的优势,这儿有田园风光,有瓜果蔬菜,有鸟语花香,有蜂围蝶阵。

南湖中学紧挨着农田,开展劳动教育的条件得天独厚。为此,我们新开辟了校外劳动实践教育基地。经过沟通,将南湖镇西马陵前村山村水乡开心农场确立为南湖中学的校外劳动教育实践基地。同时在校内也开辟了4 000平方米的劳动教育实践基地。这样,平均每个年级都有一块可供耕耘的田地,用于开展劳动实践活动。

根据学校制定的详细的劳动教育方案,利用劳动技术课,任课老师有目的、有计划地带领学生参加日常劳动和生产劳动,定期组织学生在劳动教育实践基地试验田里种花、种菜、种树,为农作物松土、施肥、除草。在这个过程中,学生们观察、播种、收获,快乐地享受着。

当问询学生劳动的感受时,有的同学说原来家长劳动这么不容易;有的同学说从种下种子的那天起,他心中就有了期待,期待发芽,期待开花,期待结果。听到学生们在劳动中体会到了家长的辛劳,感受到了生命的发展过程,老师们也深刻地感受到了学生们在成长。

学校开设了烹饪实践劳动课。学生进食堂，参与美食制作，感受烹饪的艰辛，享受劳动的乐趣。学校还广泛开展传统手工艺制作，果蔬种植、养护等劳动课。这些特色实践课程，构成了学校教育的一道亮丽风景。

学生们在亲近自然、愉快劳动中，接受锻炼、磨炼意志，精神面貌焕然一新。学校记录了学生们劳动教育的全过程，包括劳动时间和劳动类型，为每个学生建立劳动教育成长单。学生们可以据此进行自我分析、自我改进和自我提升，在实践中，学会劳动、学会审美、学会创造。

学校开展的劳动教育等实践活动，符合各展其长、各尽其美的事物发展规律，培养了学生劳动光荣的意识，增强了学生的社会责任感。

做实课后服务，让教育更有温度。我带领大家积极拓宽教育途径，丰富教育内容，满足学生多元化发展需求，给学生提供更适合的教育。将课后服务与体艺教学、校本课程开发和社团活动相结合。

学校广泛开展特色活动课程，保证每个学生都能绽放精彩。社团选课走班、劳动技术教育、科普活动、心理健康教育课程异彩纷呈。除了课后服务期间教师“一岗双责”、亲情陪护外，学校还立足农村寄宿制实际，在早、午、晚自习等课外活动时间，为每个班级安排一名值班教师，对学习、生活有困难的学生给予及时的帮助。

课后服务满足了学生广泛发展兴趣爱好的需求，课程覆盖面广，现已开设的课程包括：经典诵读、风景数学、英语美文欣赏等文化素养类课程；理化生实验探究、地理达人等实践探究类课程；无线电测向和定向越野、航海模型、航空模型、建筑模型等科技科普类课程；素描、国画、剪纸、舞蹈、器乐等艺术类课程；结合体育教学实行选课走班，开设了田径、足球、篮球、排球、乒乓球、花样跳绳等课程；心理健康教育课程；等等。课后服务特色活动常态化开展，形成了符合学校实际的社团活动模式。

南湖中学以学生为本，本着“从特色发展到提升品质”的理念，不断突显学校特色，持续发挥科技体育项目在日照市的引领作用，积极探索“学科模块＋社团”的模式教学，打造农村品牌学校，坚持内涵式发展。

南湖中学的科技教育活动起步较早，航海、航空模型，无线电测向和定向越野等已走进校园。

我来到南湖中学以后，结合自身信息技术方面的优势，扎实推进科技教育工作，新增创客、FEG 智能车等项目，成立社团组织，开展一系列活动。

2021 年 9 月 29 日，在喜迎中华人民共和国成立 72 周年之际，2021 年“山东省青少年科普报告百校行、希望行”活动走进南湖中学，与此同时学校还举行了“南湖红船”电动模型制作航行赛，为全校师生带来一场精彩的科普创新盛宴。

此次活动分为三部分：报告会，“南湖红船”电动模型制作、航行赛，以及“红色百年路 科普万里行”图片展。

“南湖红船”电动模型制作航行赛是本次活动的一个特色赛项。从“（嘉兴）南湖”到“南湖（中学）”，“船”承红船精神。南湖中学派出 22 支代表队 66 名选手，以科学的态度、创新的精神，奋力拼搏，一展风采。大赛分两个项目：红船模型制作赛和航行赛。参赛队选手首先在规定时间内制作红船模型，然后进入航行赛，直线放行自己制作的“南湖红船”电动模型。

“南湖红船”电动模型制作、航行赛，检验的是学生的自主创新能力和动手实践能力，同时让学生了解了“红船精神”，既增长了知识，又培养了爱国主义情操。

此次活动由山东省科学技术协会、省教育厅主办，日照市科学技术协会、市教育局、市科技馆，东港区科学技术协会、区教育和体育局等联合承办，是在山东省中小学校开展的一项公益性青少年科普活动，旨在向学生们普及科学知识，传播科学思想，弘扬红色精神，激发学生们热爱科学、崇尚科学的热情，引领大家走进科学创新的殿堂。此次活动能走进南湖中学，我感到很荣幸。

除了以上活动，南湖中学科技体育代表队还参加了日照市首届科技体育节、山东省全民健身运动会、山东省青少年智能创新大赛等各级各类比赛，均取得了优异的成绩。

南湖中学“飞扬”啦啦操社团在丁伊老师的带领下精心排练，他们表演的“未来有你”街舞啦啦操，经过激烈竞争和层层选拔，于 2022 年 1 月 23 日参与了日照市少儿春节联欢晚会的录制，登上了 2022 年日照市“向阳花儿开”少儿春节联欢晚会的舞台。这也是农村学校被选上的唯一节目。

此前,“飞扬”啦啦操社团在“2018年全国啦啦操冠军赛”中荣获公开少年乙组街舞啦啦操自选亚军和“2020日照体操节”啦啦操项目初中组街舞自选第一名的喜人成绩,充分展示了学校素质教育成果。

4. 呵护学生身心健康是爱的延续

精益求精打造“妈妈”食堂,保证学生饮食营养与健康。南湖中学于2022年1月获得了“山东省中小学校星级食堂”荣誉称号。这一称号是经各区、县教育局和日照市教育局层层推荐选拔后参加省级评选获得的。为了学生的身心健康我们一直努力付出,也为此倍感欣慰。

南湖中学是一所农村寄宿制学校,学生一日三顿均在校就餐。保障学生吃饭有质、有序是我心之所系。

我首先考虑的是升级服务。学校建设了智慧食堂,安装了监控系统和人脸识别系统,学生可通过刷脸或刷卡进行消费,安全、透明、方便、快捷,切实提高了就餐和服务效率。

为了孩子们舌尖上的安全,我们强化责任担当,筑牢食品安全防线,成立食品安全领导小组,由其全面负责食品卫生安全工作。食堂管理办公室落实食品卫生安全,确保师生饮食健康、安全;每天对食材出库、工作流程、卫生检验、设施设备运转、用电炉灶使用等进行监督检查;全面实行“明厨亮灶,明谱亮价”。学校监控系统实时监控加工流程。

我们时刻为学生安全用餐保驾护航,餐餐提供温情服务。在原材料方面,我们选择最好的、最安全的食材,食品皆可追溯。为保障食品健康、营养,学校配备了专业的营养师,并通过使用膳食分析平台,全面提升菜品的质量,做到营养配餐、科学烹饪、创新菜品。

在用餐时间上,学校采取错峰放学、错峰打饭的方式,并且由值班教师全程呵护。每天早、中、晚餐都有学校领导和值班教师一同陪餐,对饭菜的种类、质量、价格、营养等方面及时反馈,确保学生用餐健康。

学生们都反映食堂价廉质优,吃得好、吃得饱。尽管如此,也有个别经济困难的学生吃饭存在困难。为此,我召开专题会议商讨、确定学校食堂对贫困学生实行免费用餐。

每当看到这些学生不再为吃饭担忧,开心地吃着热腾腾的饭菜时,我就由衷地感到开心。虽然是微不足道的小事,却让困难家庭的学生倍感温暖和幸福,他们也多次表达对学校的感激之情。

学校还组建了健康家委会,利用食堂“开放日”接受家长和社会的监督,充分发挥他们的监督作用。

学校不仅保障学生用餐的营养、健康,还加强了对学生安全用餐教育和文明教育。学校对食品安全健康坚持做好“五个一”工作,即学生人手一本食品安全手册,建立一块食品安全与健康宣传阵地,每周更换一条健康宣传标语,上好一堂食品安全教育课,设立一个安全信息联络员。

学校利用劳动技术课开展厨艺培训、面点手工制作比赛,调动了学生劳动的积极性。学校在“光盘行动”教育活动中推出新举措,给学生会配备了数码相机,用于拍摄在“光盘行动”中表现好的同学、班级,并予以表扬,鼓励学生养成良好的饮食习惯,培养学生节粮爱粮的品质。

学校以妈妈式的服务打造品牌食堂,做到对学生负责,对社会负责。此举受到学生和家长的称赞,以及各级监管部门的肯定。东港区教育和体育局、东港区食品药品监督管理局举办的东港区学校系统食堂管理现场会和东港区食品安全工作会议在南湖中学召开;南湖中学承办了日照市食堂食品安全工作现场观摩培训会。

(二)点亮“心”光护成长

学生心理健康教育关系到学生健康、生命,关系到学生家庭的幸福和学校的发展。

1. 和校长有约

为了更充分地了解学生的需求,我经常和学生进行心灵交流,设置了“校长有约”时间,开通了“校长信箱”。每天的午自习时间就是“校长有约”时间,这时我会在办公室等候学生来找我解决困惑。面对每一个来访的孩子，我都耐心倾听，真情交流，让学生们真切地感受到我的关爱，真心地接受我的建议。我在办公楼一楼挂上了“校长信箱”，同时公布了电子邮箱。有些学生当面不好意思说，通过这种方式可以消除他们的顾虑。“校长信箱”和电子邮箱里经常会收到学生们的来信，有提建议的，有寻求帮助的，有反映学校管理问题的，有咨询中考报名的……每一封来信，我都认真对待，面对学生的心声和需求，我逐一落实。为此，有些学生持续给我写信，感谢我对他们的尊重，感谢我能在关键时刻给予他们帮助和温暖。

2. 呵护学生心灵

我特别重视学生心理健康教育。为此我积极筹措资金，向南湖镇人民政府领导汇报学生现状和学校亟须解决的问题，得到了镇党委、政府的大力支持；同时和专业心理服务机构合作，聘请心理专家做学生心理健康教育、疏导和教师心理健康教育技能培训。

学校在经费有限的情况下，又投资3万多元，高标准建设了学校心理咨询室，实现了咨询、宣泄、团体活动室三室分立，并配备了沙盘、宣泄假体、放松椅等专业心理诊断治疗器械；同时设立了“心理咨询”专线电话，方便学生和老师进行心理咨询。

学校根据学生实际情况开设了“心理健康教育课程”，该课程教师采取个体咨询、团体沙龙和专题讲座的形式对学生开展心理健康教育，有计划、有目标、有梯度、有层次地强健学生心理，引领学生树立正确的三观，明确自己的人生目标。

学校选派了责任心强、有爱心的教师组建“爱心妈妈”心理健康教育团队，并请专业心理咨询师对她们进行培训。培训周期完成后，教师经过考核获得执业资格证书，可独自开展工作。现在，“爱心妈妈”心理健康教育团队的教师已经学会了用欧卡牌、家庭系统排列等方法解决学生的心理问题，壮大了学校心理健康教育力量。

精细化夯实心理健康筛查。学校组织班主任、心理健康教师适时对学生进行心理健康筛查，结合日常实际表现，建立学生健康档案。对于需要特别关注、关心的学生，由心理咨询教师定期为其做疏导疗愈，给予他们鼓励、支持和陪伴，让他们早日重建健康心理，快乐成长。

学校心理咨询室每天定点开放，“爱心妈妈”心理健康教育团队教师轮流值班，大课间、午休时间都有“爱心妈妈”在守候，学生有困惑可以找“妈妈们”倾诉。面对解决不了的问题，值班教师做好登记，由心理咨询教师做一对一心理疗愈或团体沙龙排解。

创新实施“启智润心”学生关爱工程，常态化落实对特殊群体学生的关爱。采取班主任、任课教师、党员干部共同关爱的方式，为每位特殊群体学生确定不少于三人的关爱帮扶导师团队，做实“全员育人导师制”，营造“教师人人是导师，学生个个受关爱”的育人环境。导师每周至少与帮扶学生谈心一次，每月至少入户家访一次，全面拉近老师与学生的心理距离。

经过我们的努力，2 名重度抑郁学生已拨开心灵雾霾，重返校园；1 名孤独症学生症状明显好转，已能与人正常交流；3 名极度厌学的学生也回归校园；10 名学生缓解了与父母的关系，不再叛逆；5 名学生重拾信心顺利冲刺中考……学校心理咨询室共接受个体心理咨询 62 次，组织团体沙龙 24 次，接待学生来访 100 余次，使 167 名特殊群体学生得到了结对帮扶。学校开展的“珍爱生命”活动被评为日照市心理健康教育月特色活动。2022 年 3 月，因为“爱心妈妈”等教师的付出，南湖中学荣获“日照市女职工建功立业标兵岗”称号。

（三）全力去爱每一个蓬勃生命

在工作和家庭之间，工作第一；在学生和自家孩子之间，学生第一。

来到南湖中学，我深切感受到城市和乡村教育环境的差别。经过一个学期的工作，这里的所见所闻都深深地印刻在我的心里。

学校里特殊家庭的孩子很多，我能感觉到他们眼睛里有时在诉说伤心，有时夹杂怨恨，有时流露出对家庭温暖的渴望，更让我心痛的是，还有一些没有理想、拒绝上学的孩子。这一切触动了我，我要千方百计地帮助这些孩子，让他们过上幸福美好的生活。

走在乡村的公路上，想起这些经历磨难的学生，我的内心久久不能平静。他们的坎坷经历在我心里留下了一道道印痕。

作为校长，我对这些特殊的学生做了深入调查，并和学校领导班子讨论、制定了翔实的解决方案。学校不仅要关心他们的生活，还要特别关心他们的精神需求。

学校在关爱学生身心健康方面加大了力度，实行家、校、社区联动，强化家庭教育、家校沟通工作，打造“妈妈工作室”德育品牌，启动“启智润心”学生关爱工程；同时和日照金太阳社会工作服务中心合作，为学生提供心理咨询服务，关注学生心理，满足学生日益增长的多元化的身心成长需求，帮助学生健康成长。

对待辍学学生，积极做好“控辍保学”工作。我不放弃任何一个学生，面对重重困难，从不气馁，即使付出千万倍的努力，也要将他们劝回校园。我用爱心润泽着每一个学生，我成了他们心中的“于妈妈”。

多年来我坚持入户家访、谈心，让学生们找到了前行的方向，有了心灵的依靠。学生们动情地对我说：“于妈妈多吃肉，你太瘦了！”

小芳（化名）和小凡（化名）是我的帮扶学生，对这样的学生要给予他们无微不至的关怀。

小芳是一个来自组合家庭的学生，原来辍学在家。她的母亲有智力缺陷，她的内心一度处于封闭状态。

我了解到情况以后，亲自到她家找她谈话，给予她耐心细致的疏导。记得第一次见面那天，太阳火辣辣的，我却忘了这份炎热，心中想的全是怎么给予她关爱，从她的发展角度来引导她重返校园。经过我的开导，小芳的思想开始动摇，答应我先考虑考虑，为了让她早日重返校园，我又到她家家访三次。最后一次，我带着一张小芳小时候的照片，这张照片是我托人想办法找到的，当我亲手把照片递给她的时候，她又惊又喜。经过我的引导，小芳不再固执，不再彷徨，重新回到了学校。

重返校园后，我多次找小芳谈心，帮她从感兴趣的课程入手，鼓励她加入合适的社团，激发她的上进心。在日常的学习和生活中，我也总是给予她更多的关爱，为她打饭，陪她用餐。我还经常和她聊一些具有正能量的话题，让她能够在拓宽视野的同时又能不断塑造自己的品格。虽然这些学生的状况会有反复，但是他们的进步是很明显的。

小凡也是一个一直辍学在家的孩子，她的家庭也很特殊，她是父母领养的孩子。小凡的养父母中年丧子后又失去了孙子，后来就抱养了小凡，对她格外珍惜、疼爱。对于自己的身份，小凡起初是不知道的，一家人其乐融融。小学毕业后，小凡从邻居处知道了自己的身世，如晴天霹雳，一时无法接受。自此，小凡开始封闭自己，把自己关在屋里不出门，初一整个学期，她都没来上学。她的父母很着急，但又没办法。

我了解到她的情况后开始想办法对其进行帮扶。第一次跟小凡见面时，她低着头，所有的回答都是不假思索的“不知道”三个字，她排斥与人交流。第二次见面时，我尝试走进她的内心，“于老师只有一个女儿，已经上大学了，于老师非常喜欢孩子，如果你不嫌弃，就做我的第二个女儿吧。”这次见面，小凡的心理防线慢慢降低了，不再简单地用“不知道”来应对我，她开始打开心扉，和我有了交流。我基于初中阶段学生的心理特点，劝她珍惜校园生活，为自己的未来打好基础；同时建议她做好回来上学的准备，并告诉她，如果有需要于老师一直在她身边。令人惊喜的是，没多久小凡的父亲就打来电话，说她要去买书包等学习用品。果然没让我失望，第二天，小凡就来上学了。我如约让在家休假的学心理学的女儿来学校带她熟悉校园环境，陪她在图书馆等场所适应学习生活。经过一个星期的陪伴，第二个星期，小凡就已经能走进教室上课了。我从给她打饭、和她共餐开始，带她感受上学的幸福和快乐，并为她辅导功课，帮她选择合适的社团。我的女儿也跟她约定，会不时地在课间去看她。其间虽然有反复，但小凡最终坚持下来了。

国庆节假期，我邀请小凡到家里来，给她买新衣服，带她看大海、逛书店，让她开阔视野；她通过了学业水平考试，我的女儿送给她小礼物，予以鼓励；她的生日会收到于妈妈的祝福……每次听到小凡甜甜地叫一声“于妈妈”，就是我最欣慰和幸福的时刻。

像这样的学生还有很多，我愿意当他们的“爱心妈妈”，为他们排忧解难，用自己的工资默默地为他们买衣服和营养品，请他们吃饭，给他们过生日，为他们的成长增添一份美好；在节日期间组织学生开展活动，为他们颁发奖品，充盈他们的生活；为生病的学生家长捐款，带礼物去医院、家中探望他们，让他们感受到满满的爱……

我把每个学生都当成自己的亲人，看到有些学生因为家庭原因而影响学习，内心总是特别难过。我常常对同事说：“看到这些学生，我真是受不了，眼中看不得，心里放不下。”

假期我多次带领教干、教师深入各社区、村庄，走访慰问家庭困难学生，为他们送去助学金、衣服等物品，以及党和政府的关怀和学校的关爱。

小刚、大刚和小梅（均为化名）姐弟三人突遭家庭变故，他们早就没有了父亲，母亲又突发疾病不幸去世，三个孩子一下子成了孤儿。我立即召开学校领导班子会议，共商帮扶办法。大家一致通过我的提议：由学校承担三个学生在校期间的全部就餐费用，并联系校车公司免除三人的乘车费。紧接着安排老师做好认领帮扶工作。假期里，我们购买了衣服、食品等，深入他们的大娘家中慰问。我勉励他们姐弟三人保持健康向上的生活态度，发扬吃苦耐劳的精神，努力克服学习和生活中的困难，并告诉他们有困难找学校。

令我印象深刻的还有贫困学生小曦（化名）。她的家里有一个有智力缺陷的叔叔和一个年迈的奶奶。房屋破烂不堪，又冷又暗，屋内只有一个大土炕。小曦睡的房间则堆满了杂物，床也格外窄小。我柔软的内心一下子被触动了，眼泪瞬间涌出。我悄悄地掏出自己的钱给了她，并抱着她不停地安慰着。我为小曦穿上我给她买的棉衣，并告诉她在遇到困难时要相信学校大家庭会帮助她，学校永远是大家的坚强后盾和温暖的家。

我不仅给予困难学生物质上的帮助，还给予他们心灵上的关爱。我这样的平凡举动也感动了教师们，教师发信息说：“您是一位有爱、有情怀、有责任、有担当的好校长。因为有您，学生更爱学校了；因为有您，老师更爱自己的课堂了；因为有您，大家更加热爱教育了。”

我觉得在教育工作中就应该用情来感化学生,让学生在学校里得到温暖,得到关爱,这也是校长应有的本色和担当。

我每个中午都守候在办公室,这是我专门为学生设立的“校长有约”时间,在这段时间里学生有什么事情或困难都可以来找我。我从没睡过午觉,甚至很多时候都来不及吃饭。很多时候,我还在工作学生就来了,有的来找我解决和同学之间的矛盾,有的来找我倾诉心中烦恼和困惑,有的来找我辅导功课……

我一直在用自己的理想和关爱浇灌学生,这让我感到充实又幸福。我也为自己一次次重新唤醒学生沉睡的内心而感到欣慰。我相信岁月会抚平所有的伤痛,我相信每个学生都有美好的未来!

南湖中学是一所寄宿制学校,学生的就餐与就寝,温饱与舒适都记在我的心上。

我积极争取政府的资金支持,给教室和宿舍全部安装了空调,在宿舍的每个楼层给学生配备了淋浴间,改善了学生洗浴环境,为学生创造了更好的学习和生活条件。

我刚来到南湖中学时,有一个离异家庭的学生想妈妈了,放学后大哭,班主任怎么也劝不好,就给我打电话,我让班主任把学生领到我的办公室。映入我眼帘的是一个浑身脏兮兮的学生,她一直在哭泣。我首先给她一个大大的拥抱,我闻到她身上散发着一股酸酸的味道,但我依然抱着她。她一直在说想妈妈了,我听后眼泪忍不住流了出来,在我的安慰下她渐渐停止了哭泣。我们坐下来后慢慢了解了情况,原来她跟着父亲生活,但父亲疏于管教又不让她见妈妈。我和班主任决定帮助这个学生,我们分别约见了家长,并对其进行劝导。

我当时觉得这个学生缺少家人的呵护,卫生状况差一些只是个例,以后我们对她多一些关爱,让她做好个人卫生就好。

但当我走进教室和宿舍时,总会闻到一股汗臭味,而且宿舍更加明显,尽管教室和宿舍都全天开着门窗通风。后来我了解到,因为学校没有洗浴条件,住校期间学生无法洗澡,只有每周回家才能洗一次,而他们运动量大、出汗多,所以才造成教室和宿舍有异味。而且我发现,有的学生见到老师很兴奋却因为个人卫生问题不好意思亲近老师。

由此，我决定要改善学生洗浴环境，给学生创造更好的学习和生活条件。学校积极筹措资金，为学生公寓楼配备浴室，并安装了淋浴系统。每个楼层都有一间浴室，每间浴室有6个花洒，可供多个学生同时洗浴。让学生在校如在家，能及时舒舒服服地洗上热水澡。

作为学校的负责人，我为给学生提供营养均衡的饭菜、舒适干净的生活空间和高效优质的教育服务而全力以赴；同时尊重、理解、帮助每一个学生，为每一个生命的健康成长而执着前行。

教育信息化推动教育高质量发展

在学校里，我利用所学的信息技术专长，率先担起以信息技术教育现代化助推教育发展的责任，我带领师生开始了日照市学校关于信息化教学与管理的超前探索和应用。在我的推动下，南湖中学实现了网络化教学，启动了数字化校园工程等。

2020年10月，山东省推进中小学教师信息技术应用能力提升工程2.0（以下简称信息技术应用能力提升工程2.0），按照“省市统筹、以县为主、整校推进、分层实施”的原则，构建以校为本、基于课堂、应用驱动、注重创新的教师信息素养发展新机制。信息技术应用能力提升工程2.0的实施，全面提高了校长信息化领导力、教师信息化教学能力、培训团队信息化指导能力，推动了信息技术与教育教学融合创新发展取得新成效。

南湖中学是实施信息技术应用能力提升工程2.0的主阵地，我们边学习边实践，按部就班地开展相关工作。

一、立足实际

(一)学校基本情况

南湖中学地处日照市东港区城乡接合部。学校于1989年建校,现有教学班22个,在职教职工108人,教职工平均年龄47岁。学校在中小学信息技术应用能力提升工程1.0阶段深入推进"三通两平台",实现了三个方面的普及和应用。学校信息技术基本设施较为完善,有计算机教室3个,人工智能实验室1个,创客教室1个,综合录播教室1个,大型多功能报告厅1个,校园广播室1个,"空中课堂"演播室1个;所有教室和功能室全部配备了多媒体教学设备,教师人手一台计算机;学校教师信息素养良好,具备基本的信息技术应用能力,多数教师在课堂教学中能熟练运用PPT等多媒体课件授课,可实现信息技术与教育教学工作的基本融合。

近年来,随着城镇化进程的加快,进城务工人员增多,学校师资和生源发生了较大变化,学校的发展面临前所未有的严峻挑战。随着人工智能、虚拟现实、物联网走进学校,如何运用新技术助推学校发展?正当我们困惑之时,东港区推进信息技术应用能力提升工程2.0工作,为解决学校面临的实际问题与挑战打开了一扇窗。我们沿着立足实际、循序渐进、整校推进的路径,探寻一条"信息技术与教育教学融合创新发展"的学校振兴之路。

(二)学校发展现状

2021年9月,南湖中学成立信息中心,负责学校信息化建设工作,为信息技术应用能力提升工程2.0提供人力和技术保障。

基于现有的环境,学校在经费紧张的情况下,投资近40万元,于2020年底新建录播教室1个,购买基于Python编程平台的无人小车30台,为一个年级更换"班班通"。学校发展现状见表1-1。

表 1-1 学校发展现状

优势	劣势
学校重视信息化工作，注重教师培养，教师参与培训的机会较多；教师整体素质较高，骨干教师能发挥带头作用；青年教师有热情，信息化能力较强；软硬件设备配备齐全，网络有保障； 校园信息化平台运行流畅，且成为家校沟通的重要渠道	很多教师（年轻和年长教师均有）对信息技术的使用仅停留在制作演示文稿等层面
机遇	威胁
学校建设智慧校园和数字化校园，信息化教学设备基本配备完善，每年都有相应的经费投入； 东港区教育和体育局支持学校发展，工作开展比较顺利	生源素质整体偏低，家长素质、家校配合程度有待提升；教师重视数据分析，但缺乏对数据分析工具的有效使用

(三)学校发展愿景和微能力点择取

学校根据山东省项目组给出的四种研究模式——优化教学模式、翻转课堂模式、项目式学习模式、数据驱动模式，基于课堂和师生现状，选择了优化教学模式。用信息技术优化课堂，促进信息技术与课堂教学的有效融合，调动学生的学习主动性和积极性，提高课堂效率，进而提高学生的学习成绩。引导学校全体教师和管理人员思考并探索如何充分利用信息化手段，为学校的教学与管理提供支持。

（1）利用网络数据平台，分析、掌握学情，制定和完成科学合理的教学目标和教学设计。

（2）每位教师根据学科特点，熟练掌握演示文稿、在线平台等工具，利用信息技术手段优化课堂教学的各个环节，促进课堂教学模式的深入研究和实施，调动学生的主动性和积极性，提高课堂效率。

（3）各学科教研组分工协作完成本学科、本学年高质量的教学设计、教学课件制作、微课程制作，实际授课中在此基础上基于班级学情进行修改。

（4）使用网上评测、数据分析、学情诊断等功能，充分挖掘网络数据平台的大数据分析功能。

随着学校生源的变化，学校教师尤其是老教师对学生能力原有的认知与学生实际之间的差距越来越大，教师的心理落差持续拉大。A1 微能力点技术支持的学情分析和B1微能力点技术支持的检测与练习,能够对症解决这一实际问题,让教师全面、准确、迅速地收集学生信息,有效了解学情,从而改进教学设计,调整心理预期,呈现基于学情的高效课堂。

学校信息技术应用能力提升工程1.0落实扎实,基础设施建设完备,教师信息素养良好。但教师队伍老龄化、信息技术高速发展以及网络资源版权保护等,导致了部分教师数字教育资源获取形式单一、渠道狭窄,使用方式简单僵化,使用低效等。A2微能力点数字教育资源获取与评价就是基于此进行选择的。

生源的变化和学情实际的需要,对课堂的改革提出了更高的要求。为了运用信息技术优化和促进智慧课堂的开展,打造真正的少教多学的高效课堂,我们选择了A5、A6、A7、A8、B2微能力点,意图实现"靶向治疗"。

B7家校交流与合作这一微能力点的选择,是基于学生家长群体的变化这一实际情况,延续学校"家长进课堂"的良好互动模式,促进家长对学校教育理念和教学风格的认同,从而更好地形成合力,促进学生健康成长,打造学校良好的社会形象。

二、循序渐进

没有春华就没有秋实,没有过程就没有结果。在不断地学习、内化和思考探索的实践中,南湖中学信息技术应用能力提升工程2.0推进的"双轨路径"模式逐渐清晰。"双轨路径"模式即"自上而下,由外而内"地推进轨道和"先理论学习,后校本实践"地践行轨道。

(一)"自上而下,由外而内"地推进轨道

1."名校长、名师"先学领方向

充分发挥学校"日照于云霞名师工作室"和"日照郝翠英名师工作室"的带动辐射作用,吃透文件的精神和理念,学习优秀的经验和做法,明确信息技术应用能力提升工程2.0的前进方向,在工作室成员、学校领导班子、骨干教师等范围内,形成先学热潮。

2. 专业管理团队支撑做保障

学校经过遴选组成管理团队，形成了由校长领衔、业务校长牵头、专业名师引领、学科涵盖多元化、年龄结构合理、业务能力过硬的信息化管理团队，有效地保障了学习的落实和推进。

3. 学科大组协同推进保实效

信息技术与教育教学的融合和促进，要想出实绩、见实效，必须关注学科的差异，避免为了信息化而信息化的形式主义。我们在学习推进的前期，充分关注不同学科、不同教师间的差异，实行学科大组协同推进的模式。基于学校集体备课的传统，青年教师带老年教师，“先进”教师带“后进”教师，共同前进，不让一个教师掉队。

4. 个性化教学助力减负提质

学校依托智学网，引进了教学质量大数据监测平台，探索应用智学网开展日常测验与教学活动，并形成个性化学习手册，帮助老师利用智能化手段实施精准教学。

为了让智学网发挥更大的作用，学校做了以下规划。

及时对老师进行信息技术培训。培训采用定期和不定期相结合的方式，由信息中心老师专门负责。培训的内容包括资源检索下载、组卷、分析学情、教学资源库建立、资源分享和形成学习手册等。

业务校长负责具体实施，以教导处为主组建资源建设团队。学科骨干教师做指导，学科备课组长负责本学科组的日常测验与教学活动研讨，学科老师做积极分子，建成各学科组、各年级备课小组的教学资源库，资源全部共享。每个任课教师对自己班级学生的实际情况进行分析，形成学生个性化学习手册，做到因材施教。

当然，利用智能化手段实施精准教学，对于一些老教师来说，并不顺利，学校应想办法帮助、鼓励他们。

有的老教师，原来不怎么用多媒体资源，在看到学校的大力支持和其他教师的精准教学后，也积极学习起来。学校安排年轻教师一步步地教他们如何运用，从课件的制作使用、下载试卷到根据学情组卷以及个性化试题的确立，现在他们都运用得非常娴熟了。

学校利用信息化技术助力教学，为学生之间、师生之间、教师之间合作探究、学习提供了平台和机会，培养了学生的学习能力和学科综合素养，提升了教师队伍的教研、教学管理水平。

5. 全员深度参与机制促落实

2021 年 11 月，学校召开启动大会，解读相关政策，对具体工作进行了详细的安排。随后，教师根据教学中存在的问题进行能力点的选择，做好个人研修规划，由易而难，充分调动教师学习和参与的积极性。

（二）“先理论学习，后校本实践”地践行轨道

信息技术应用能力提升工程 2.0 要求，山东省中小学教师接受不少于 50 学时的信息技术应用能力提升培训，其中包括 25 学时的在线学习（20 分）和 25 学时的校本实践（20 分）。每位教师至少通过 3 个能力点的微认证，并提交相应的微认证材料（60 分）。

1. 微能力在线课程学习

山东省利用“互联网 + 教师专业发展”工程平台，通过本地开发、课例评选、购买服务等形式，汇聚教师信息素养提升的丰富资源，供全省中小学校组织教师自主选学。每位教师根据自己所选择的 3 个微能力点，选择相应课程进行不少于 25 学时的在线学习。

2. 线下校本教研实践

根据学校选定的能力点，结合学科需要，教师基于教学中存在的问题选择相应的能力点，做好研修规划，边学习边实践，初步进行能力点案例的开发；以教研组和教师个人为主体进行案例研发，并定期进行交流，学校负责调度指导；通过同课异构、公开课等活动，针对能力点进行测评，总结经验，反思改进。收集教师研修案例，开展微能力点测评，组织教学设计、教学课件、微课程等评比活动，推选代表进行分享；教师、教研组、学校分别对研修情况进行全面总结，为下一步工

作提供参考。

在有目标、有测评方案、有行动指南后，教师们的实践更顺利了；对于技术上的问题，则有赖于教师教育网上的丰富资料、学校的培训和技术骨干的指导。

三、整校推进

《中小学教师信息化教学能力测评指南》提出，把整校推进的目标定位在“三个新”上，即通过整校推进，建立适应学校发展需要的新模式、构建以校为本的新机制和实现“三提升一全面”的新目标。

学校在整校推进的过程中，确保目标的实现，在落实上，做到“四驾齐驱”，即有效机制保障、专业团队支持、提升业务实绩和落实考核评价。从任务结构看，关键问题是“去何方”，任务的落点是提高教师应用信息技术的“四个能力”，包括学情分析、教学设计、学法指导、学业评价；核心支撑是“如何去”，建立整校推进机制才能“真推进”，建强分级培训团队才能“导得了”，建设学校信息化管理团队才能“管得好”，建设学习空间、课程资源和教研平台才能“学得了”；有效评价是“到哪里”，任务的重点是“两个考核”，包括评估整校提升绩效和基于“四个能力”考核教师与教研组应用效果，证明校有所得、教有所改、学有所变。

四、来日为章

（一）需求与期望

期待更多、更科学和更全面的技术支持。例如，目前利用才宝系统等，在A1微能力点技术支持的学情分析、B1微能力点技术支持的测验与练习两个微能力点，基本能够通过班级作业、随堂检测等形式实现即时、精确反馈，但在个别学生动态成绩变化等方面，并不能有效地进行大数据采集与分析。

(二)展望与规划

1. 信息化教学多维度推进

推进创客空间、人工智能、STEM 教育,探索校内跨学科的研修活动和校际的学科联动,提升教师信息化教学能力;在学情分析、学业评价等方面应用互联网、大数据等进行研究与实践。

2. 健全教师评价工作方案

进一步调整《南湖中学教学工作评价方案》,在评价指标和权重上,增加信息技术应用的内容,通过评价和激励措施促进运用信息技术手段优化课堂教学。

3. 研修活动系列化

分阶段、分系列推动研修工作有序进行。加强校内外交流,通过经验介绍,讲授公开课,教学设计、教学课件、微课程评比等,进行成果的分享,取长补短,合作共赢。

4. 建立学校信息资源库

利用网络数据平台,将优质教学设计、教学课件、微课程、课堂实录、能力点案例等资源进行共享,完善学校教学信息化资源库。

我们一直在进行信息技术与教育教学融合创新发展路径的探寻与实践,我们不能错过信息技术应用能力提升工程 2.0 这列列车,我们将搭载着这列时代的"复兴号",驶向信息技术与教育教学完美融合的明天。

未来可期:教育强镇筑基在行动,振兴乡村教育

一个有远见的校长,不但要看到学校的过去和现在,还要看到学校的未来。

我相信机会总会留给有准备的人。2021 年《山东省教育厅关于开展强镇筑基教育改革工作试点工作的通知》引起了我的极大关注,我认为这是带动学校发展的一个重要契机。在进一步了解情况后,我对标教育强镇筑基行动工作要求,结合学校实际,制定工作方案,积极准备。2022 年 1 月,在市、区两级教育主管

部门的大力支持下顺利通过省级评审后，南湖镇成为山东省第二批教育强镇筑基试点乡镇。

我满怀信心地带领全体教干、教师，以强镇筑基为契机，为振兴乡村教育积极发挥带动作用，在上级教育行政部门的领导下，改革创新，为打造农村品牌学校不懈奋斗。以下是南湖镇强镇筑基教育改革工作推进方案。

精耕教育沃土　打造南湖品牌

——南湖镇强镇筑基教育改革工作推进方案

为深入推进乡村教育振兴，促进义务教育优质均衡发展，根据《山东省教育厅关于开展强镇筑基教育改革工作试点工作的通知》要求和东港区教育的发展实际，特制定本方案。

一、基本情况

（一）南湖镇基本情况

南湖镇位于东港区西部，距离市区 12 千米，镇域面积 172.6 平方千米，辖 82 个行政村，7.2 万口人，是东港区村庄和人口最多的乡镇。近年来，南湖镇紧紧围绕打造“日照城市后花园”的目标定位，按照“党建引领、多方发力，临城兴镇、全面振兴”的工作思路，不断攻坚突破、大胆实践创新，先后荣获“全国重点镇”“国家级生态乡镇”“山东省森林乡镇”“省级绿化模范镇”“山东省先进基层党组织”等称号。

（二）教育基本情况

南湖镇党委、政府依据镇域实际情况，持续整合、优化教育资源，不断投入资金，整体实施学校校舍改造维护、教育教学水平和教师师德师风建设提升工程，确保南湖镇教育又好又快发展。目前全镇已基本完成学校布局调整，2014 年南湖一中、南湖二中、尹家河中学三所中学合并成现在的南湖中学。

（三）学校基本情况

南湖中学于1989年建成并正式启用，占地面积约5.3万平方米，建筑面积约2.5万平方米。学校按照省级规范化学校标准，建有教学楼、综合实验办公楼、餐厅楼、公寓楼和学术报告厅，并配有现代化功能教室9间、理化生实验教室6间和配备多功能触控一体机的教室24间。校园已实现网络全覆盖，信息联络班班通。

学校现有22个教学班，958名在校生，108名一线教师，其中，副高级教师60人，中级教师36人，专任教师学历达标率100%。

学校高度重视人才培养，现有全国新教育实验先进个人1人，山东省优秀援疆干部人才1人，山东省三八红旗手1人，日照市教书育人楷模1人，日照市优秀教师1人，日照市新教育实验榜样教师1人，日照市优秀乡村教师6人，日照市优秀乡村教育工作者2人，日照市师德标兵2人，东港区优秀班主任36人，东港区师德标兵32人，东港区优秀教育工作者5人。学校关注教师专业成长，骨干教师比例稳居全区中等以上水平。“日照名师”2人，日照名师工作室2个，日照市学科带头人3人，日照市教学能手2人，日照市教学新秀1人，东港区学科带头人2人，东港区教学能手6人，东港区教学新秀2人。获国家级、省级优质课3人次，市优质课4人次，区优质课80人次等。

学校以打造全区农村教育品牌为目标，狠抓精细化管理、德育教育夯基、教师素质提升、高效课堂打造、“和合”校园创建，促进学校教育内涵发展、特色发展、创新发展，提升教师的认同感、归属感和获得感。

学校各项工作稳步推进，先后获得全国教育信息化示范基地、全国校园足球特色学校、山东省重点课题实验学校、山东省“幸福进家”活动先进单位、山东省卫生餐厅、日照市文明单位、日照市文明校园、日照市文明示范学校、日照市规范化学校、日照市教学工作示范校、日照市依法治校先进单位、日照市卫生工作先进单位、日照市依法治校先进单位、日照市体育工作先进单位、日照市科技体育运动特色学校、日照市“十佳”活力校园等荣誉称号。

二、工作目标

南湖镇党委、政府强化属地管理职能，持续加大教育投入，不断优化育人环境；积极丰富学校管理内涵，坚持精细化管理与特色创新相结合，建立教师关爱激励机制，努力提升广大教师的专业素养和教育教学能力；建立家、校、社协同育人机制，关爱特殊困难家庭学生，办好南湖人民满意的教育。

（1）办学条件得到全面改善。镇域三所中心学校在镇党委、政府及教育主管部门的持续投入下，办学条件均达到省定标准，并将持续在信息化建设方面加大力度。

（2）教育教学质量明显提高。立足农村，深化课程教学改革，深入实施德育和劳动教育；依托人工智能、大数据打造智慧课堂，靶向施测，精准教学；开全、开齐音体美课程，开展丰富多彩的社团活动。努力做到校校有特色，师师有专长，生生有特长。学生体质健康达标率优于城区学校；学生普遍掌握一门以上艺术特长；学生学业水平与城区学生差异率低于0.15。

（3）育人环境持续优化。全镇学校坚持精细化管理与特色创新相结合，注重校园文化建设，打造育人特色品牌。初中践行“和合”理念，培育阳光少年；小学打造阳光教育，让孩子成就更好的自己；幼儿园本着“关注生活，自然成长”的教育理念，培养热爱生活、亲近自然、珍爱生命的灵动儿童。

（4）师资结构更趋合理。通过城乡教师交流，不断“引进来，走出去”，双向交流，双向学习；健全培养、培训机制，建立镇级学科带头人、教学能手和教学新秀培养阶梯队伍；进一步完善激励考核机制，盘活用人机制。

（5）辐射引领作用继续强化。依托日照郝翠英名师工作室、日照于云霞名师工作室，以课堂教学为主阵地，以课题研究为抓手，实现镇域教学一体化建设，建立幼小衔接、小初衔接一体化课程，打造适合乡村学生成长成才的系统化教育；定期开展镇域校际帮扶联动活动，全面提高镇域整体教育教学质量。

（6）社会满意度持续提高。实施筑基暖心工程，以社会、家长关注的问题为导向，建立家、校、社区联动机制，创新学生心理健康教育机制，强化家庭教育和心理健康教育，坚持开展家校沟通和“百名教师访千家”工作，全力打造家长放心、社会满意的南湖教育。

（7）生源稳定率稳步提升。建立“控辍保学”校长责任制和学校考核机制，严格执行“控辍保学”相关规定，调研学段在校生情况，密切关注学生动态，确保域内户籍初中生源在学校就读的比例逐年提升。

三、具体措施

（一）加大投入，改善办学条件

（1）对标省定办学条件标准，多方筹措，全力完善学校基础设施的建设与配备。学校加大创客空间、书法教室、学术报告厅、室内乒乓球馆等功能教室的建设。

（2）进行信息化建设的升级改造，建设智慧校园，逐步实现学生管理、教学实践、生活等智能化。

（二）立德树人，夯实中小幼一体化发展

（1）完善德育育人体系，把立德树人融入教育教学各环节。在坚定理想信念、厚植爱国情怀、加强品德修养、增长知识见识、培养奋斗精神、增强综合素质上下功夫，帮学生扣好人生的第一粒扣子。

（2）构建中小幼一体化育人模式，学段互通、内容融合。健全指导责任区制度，开展联合教研等，了解彼此的教育环境、教育内容、教育方式等，加强教师在学生发展、课程、教学、管理等方面的研究、交流，及时解决各学段的突出问题，以便有针对性地调整。

（3）活动育人，培根铸魂。开展主题教育月活动、“月节”主题活动、社团活动、节气课程等，让学生在活动中享受成长的快乐，感受中华文化的优良传统，促进学生全面健康成长。

（4）创新学生健康教育机制，启动“启智润心”学生关爱工程，实施“五维”

联动工作机制，充分发挥心理咨询室的作用，与日照金太阳社会工作服务中心合作，建立生命教育、安全教育、人生规划、心理健康教育课程体系，为学生健康成长保驾护航。

（三）深化改革，不断提升教学质量

（1）全面提升育人质量，立足学校实情，以“小活动”带动整体教学。夯实集体备课研讨，定期举行学情会商、学法指导会议，开展“打造常态课堂，践行有效教学”精品课堂开放活动。

（2）开展“互联网＋智慧课堂”建设，开创信息技术与学科创新融合的新型教与学模式，建立“教、学、测、评、管”的全景式智慧教学体系。和科大讯飞股份有限公司合作，探索“基于教学改革，融合信息技术的教与学新模式”。利用人工智能、大数据、云计算等，进行精准备课、课堂授课、师生互动、分层作业、学情分析、个别辅导等。

（3）推进艺体发展“2+1”工程，积极打造校园特色艺体活动，坚持教体融合和走班选课模式，全面提升学生健康水平，缩小学生学业水平与城区学生的差异率。

（4）构建劳动教育课程体系，开发劳动教育实践基地，拓展劳动教育新内涵，让劳动教育在学生教育中生根，促进学生形成正确的世界观、人生观、价值观。

（四）加强队伍建设，筑牢育人根基

（1）加强管理人员队伍建设，提升凝聚力、执行力和管理能力；组织学校中层干部竞聘，盘活用人机制；进行绩效工资改革等，不断提高教师的工作积极性。

（2）打造育人队伍。通过组织开展“班主任论坛”“班主任工作大讲堂”等活动，促进优秀班主任交流，并通过名家报告视频等进行全方位培训，打造业务强、思想硬的班主任工作队伍。

（3）名师引领，充分发挥日照名师的辐射引领和带动作用，成立“教师成长

工作坊”,通过课堂诊断、沙龙研讨等形式,进行课堂实践和教学研究,从而提升教师的专业发展能力。

(4)城乡结对,与曲师附校、日照市新营中学、日照港务局中学、日照市新营小学等市区学校开展联合教研等活动,在教师交流培养、教学研讨、校本研修、成果共享等方面实现借力发展,促进教师专业发展和团队合作发展,为区域城乡教育一体化建设探索新路径。

(5)加大教师专业能力培训力度,积极参与国家、省、市区教育部门组织的各类业务培训,通过“走出去,带回来”的方式,提高教师在各类培训中获得知识的功效转化能力。

(五)科技赋能,助力教育高质量发展

(1)建设智慧校园和数字化校园,实现入校、食堂、教学等一体化管理;建设创客空间,培养学生的动手实践能力和创新应用能力;做大做强现有航模社团、无线电测向和定向越野等优秀社团。

(2)提升教师信息素养,助力课堂教学。以信息技术应用能力提升工程2.0为契机,提高教师驾驭智慧课堂的能力,真正做到精准教学,因材施教,让学生成为学习的主人。

(六)城乡联动,深化办学体制改革

东港区教育和体育局打破镇域学校管理体制,组织区内优质学校通过托管、办集团分校、结对等方式帮扶镇驻地学校。南湖镇学校分别与城区学校进行联合办学,骨干教师合作交流,教育活动城乡联动,实现了城乡教育资源的互补、共享,以及先进办学和教育理念的辐射带动。

(七)家校协同,共建育人新氛围

(1)全面推进课后服务工作,初中学校提高住校生的晚自习学习效率。加强五项管理,规范办学行为,保证学生的睡眠时间。

（2）做好家校沟通，建立家、校、社区联动机制，聚焦社会、家长关切的问题，开展“百名教师访千家”工程，加强沟通，排解家长在教育方面的困惑。

（3）关注特殊学生群体。加强全员育人导师制，对留守儿童、学困儿童等制定个性化的心理疏导、帮扶教育方案，保证没有孩子失学、辍学。

（4）强化安全管理，构建平安和谐校园。建立安全教育长效机制，实施学校安全工作“首遇负责制”和“七时段”无缝隙管理工作模式；加强食堂食品安全和价格质量监管；严把校门出入关，开展疫情防护知识、防控技能培训和突发事件应急处置演练，做好教室等重点场所的清洁消毒工作。

（5）深化家庭教育，以“启智润心”大讲堂为切入点，走进社区，走进家庭，做家庭教育知识讲座。

（八）用心用情，办人民满意教育

规范学校管理，多渠道提高教育教学质量，努力使学生成长成才。学校在学业水平测试上努力减小与城区学校的差距。用出色、优异的成绩留住镇域学生，吸引更多家长选择从城区学校转回农村学校，同时留住周边乡镇学生在本乡镇就读。

四、预期成果

奋进中的南湖镇教育呈现出了良好的发展态势，我们将不忘初心、牢记使命，继续践行“办好新时代人民满意教育”的光荣使命，建设“教师幸福、学生快乐、家长满意、社会认可”的农村品牌学校，不断提高学校的教育水平，实现城乡义务教育优质均衡发展，努力推动学校教育事业在新的起点上实现新的跨越！

第二辑

上下而求索:我的工作室

走近日照于云霞名师工作室

2021 年 8 月 29 日，日照市教育局在市委党校沂景假日酒店举行了“日照市师德建设基地授牌暨日照名师名校长工作室”启动仪式（见图 2-1），日照于云霞名师工作室正式授牌成立。

图 2-1　“日照市师德建设基地授牌暨日照名师名校长工作室”启动仪式

“日照市师德建设基地授牌暨日照名师名校长工作室”启动仪式上的发言

尊敬的各位领导、各位老师：

大家上午好！在这个秋高气爽、诗意盎然的美好日子里，我们隆重集会，共同见证首届日照名师名校长工作室的启动。代表名师名校长工作室主持人发言，我深感惶恐，但更多的是欣喜和感恩。在此，请允许我代表全体名师名校长工作室主持人和成员，表达最真诚的谢意：感谢日照市教育局领导为我们搭建了教育、教学、研究、交流的平台，让我们有机会可以携手并肩，一路同行。

在座的各位都是日照市教育界的翘楚，都有自己的教育追求。但我想，大家的成长应该还是有共同点的，那就是：我们既有内在的上进心，也有外界给予的推动力。就像种子，只有在良好的土壤中培植，才能快速地生根发芽，长成参天大树。我在专业上的快速发展，是从2004年铁路企业改制开始的，日照铁路职工子弟中学转由日照市教育局管理以后，我有幸参加了市教育局组织的各种培训和教研活动，学习的机会变多了，大大小小的赛课活动，让我快速成长起来，就这样一步步迈向了名师行列。当我们回顾自己的成长历程，不难发现总有一些关键的人或事在推动着自己前行，总有很多鼓励和帮助照亮了我们脚下的路。而我们曾经获得的鼓励与帮助，又亟待传递给他人。

“落其实者思其树，饮其流者怀其源。”现在，日照名师名校长工作室正式启动了，我相信它会成为我们传递光亮和温暖的那盏灯，会成为年轻教师快速成长的加油站，会帮助更多的老师成长为名优教师。而对于名师名校长们而言，它更是一种鞭策，提醒我们持续发展，做更好的自己，引领更多的老师前行。

前期，日照市教育局已经为每个工作室遴选了骨干成员，主持人也确立了建设目标，进行了三年规划，明确了分年度的活动方案，整合了教育教学的热点和难点问题。在此，我谨代表全体主持人郑重承诺：我们将整合教师资源，形成合力，充分发挥骨干教师自身的专业引领作用，力争让工作室成为名师的摇篮、教研的基地、交流的平台、辐射的中心。我们将努力做到以下几个方面。

（1）带好团队，以团队引领学科教师共同发展。人在一起叫聚会，心在一起才叫团队，一群有着共同目标、共同愿景、共同梦想和共同追求的人才能走得更快、更远。

（2）聚焦问题，在实践中探寻新思路、新方法。从内部看，需要激活，激活各自的潜能，形成优势互补效应。从外部看，需要打破，打破固有的思想和思维方式。

（3）活动促进，以研讨会、报告会、公开课、现场指导等形式，有目的、有计划、有步骤地传播先进的教育理念和教学方法，最大限度地发挥名师工作室的引领辐射作用，真正实现优质教育资源的共享。

（4）送教下乡，名师引领，骨干先行。最大限度地发挥城区优质教育资源的示范辐射作用，进一步促进城乡教育均衡发展，不断提高农村教育教学质量。

（5）用好网络，借助新媒体、交互软件等信息工具，缩小广大教师与名师间的差距，扩大名师的影响力，进一步增强名师工作室引领整个日照教育的推动力。

（6）拿出成果。我们将把名师工作室的教育教学、教育科研成果以精品课程、讲座、论文、课题研究等形式进行呈现。

“路漫漫其修远兮，吾将上下而求索。”作为名师工作室主持人，我深感责任重大，需要付出更多时间和精力，承担更多的责任。我想只要我们以理想信念为指引，以勤奋求索为基石，就必然能够不断提升自我，不断绽放生命的光彩！

“一花独放不是春，万紫千红春满园。”再次感谢日照市教育局搭建这样好的平台，让大家能在此相遇相识。愿我们能以此为灯，携手同行，照亮自己，照亮他人！

2020年8月29日

工作室LOGO（徽标）

工作室LOGO图案由大海、字母“y”、太阳等元素组成。其中字母“y”是取“于云霞工作室”中“于”字的拼音首字母，同时有IT（Information Technology，信息技术）的变形之意。大海和太阳元素，既包含日照临海的地域特色，又象征着博大和包容。字母“y”内部开口意为开放，代表工作室一群志同道合的人将以开放发展的思路，与时俱进，上下求索。

日照于云霞名师工作室
RIZHAO YUYUNXIA MASTER STUDIO

工作室制度保障

教育事业如诗如画，我们工作室对未来也充满了憧憬。为了实现大家共同的追求，高效开展各项工作，我充分调动工作室成员参与学习、培训活动的积极性，强化制度保障。大家勠力同心，向着梦想永不止步。

一、会议驻心中，成长会恒久

每学期工作室成员都要确定自己的阶段工作目标。开学初召开一次工作室计划会议，大家讨论并确定本学期工作室的计划。根据实际，每月举行一次研讨会议，集思广益，解决教学过程中存在的难点。每学期召开一次总结会议，展示本学期学科教学、个人成长等方面的成果，分享成功的经验，探讨存在的问题。

二、平台助发展，成长有力量

我身为工作室主持人，要为每一个工作室成员负责，为他们量身制订具体培养计划，安排培训内容。工作室成员积极参加工作室组织的各级、各类教学研讨活动，完成工作室的培训、学习、研究等任务，并提交相应的成果，努力实现培养计划中确定的目标。

及时更新工作室网站信息和个人电子档案资料，充分运用网络平台、工作群等及时互动交流，共同提高；同时通过“日照于云霞名师工作室”微信公众号及时发布工作动态、成员论文、专题研究、教学设计、典型案例、课堂实录、教育故事等。

三、目标做引领，成长有方向

工作室以示范促辐射，每年至少 1 次深入教育资源相对薄弱地区（学校）开展送教下乡、送培到校、教育扶贫、支持帮扶等研训活动，指导其发展。

建设周期内申请完成至少 1 个市级及以上研究课题或实验项目，并到每位成员所在学校开展现场指导活动至少 2 次。工作室成员每人每年要记录不少于一万字的读书笔记或不少于五千字的读书随笔。

工作室全力支持、指导其成员每年开展至少 3 次校级及以上公开课、观摩研讨课、学科讲座、教师培训讲座、报告会等。工作室成员每年撰写至少 1 篇教育教学反思或案例分析论文并在市域内交流；在市级或市级以上刊物上发表论文至少 1 篇；向工作室网站提供高质量教案设计至少 2 个。工作室每年组织开展 1 次成果展示活动。

四、档案须厘清，成长有框架

工作室已形成自己独特的教育管理和运行模式，并结合实际建立、完善工作室档案制度。我负责监督管理工作。工作室档案分为电子档案和纸质档案两种，其中成员档案采用电子档案的形式存储。

工作室微信公众号由陈聪聪负责运营；孔海燕负责全体成员的档案管理，将工作室成员的工作计划、工作总结、公开课、展示课、教案等材料及时收集、归档，以便为成员的成长和工作室的发展提供依据。

五、经费有保障

严格执行财务管理和经费使用制度。

同舟共济 擘画未来

俗话说："大河有水小河满，大河无水小河干。"工作室的发展和成员的成长唇齿相依。大家只有同舟共济、群策群力，才能创造出令人欣喜的成果。

"一个人的努力是加法，一个团队的努力是乘法。"为了规范建设和发展工作室，我深入落实日照市名师工程，充分发挥工作室的团队作用和示范、引领、带动作用，促进工作室成员成长，并根据日照市教育局相关文件精神，凝心聚力，研讨确立了工作室三年（2020—2023 年）发展规划。

一、我们的精神家园

工作室就是我们的精神家园。2020 年 8 月，"日照于云霞名师工作室"挂牌成立，我担任主持人，全面负责工作室的工作。工作室设在我所在的学校。在二十几年的工作中我始终坚守初心，用激情、热爱和执着追逐梦想，用爱打造智慧课堂，用科研引领成长之路，用心培养青年教师。

工作室的首批成员有崔乃梅、陈聪聪、焦爱玲、鞠学臣、孔海燕、李志爱、牟磊、孙晓会。为了使工作室更好地发展，我特邀赵可云和候继仓两位专家为大家指点迷津，做大家坚强的后盾。

赵可云，博士学位，硕士生导师，曲阜师范大学传媒学院副院长、教授，中国教育大数据研究院研究员，全国教育硕士优秀教师，山东省优秀研究生导师；国家与省级教学成果奖获得者，山东省"智慧教育研究创新团队"负责人，教育部学位与研究生教育发展中心论文通讯评议专家，国家社会科学基金通讯评议专家。赵教授主要从事智慧教育、教师专业发展、STEM 创客教育等方面的研究；主持与完成国家社会科学基金项目、山东省研究生教育创新计划项目、山东省软科学与山东省高校人文社科等项目多项，长期致力于一线教育教学信息化实践；在《电化教育研究》《中国电化教育》《开放教育研究》《现代教育技术》等国内核心杂志发表学术论文 70 余篇。赵教授还担任《开放教育研究》《远程教育杂志》

《现代远程教育研究》等CSSCI核心期刊外审专家，是山东教育出版社出版的小学、初中《信息技术》一书的主编。

候继仓，日照市教育科学研究中心中小学信息技术教研员，山东省高中信息技术兼职教研员，全国优质课优秀辅导教师，全国信息学奥林匹克竞赛优秀辅导员，山东省优质课一等奖获得者，主持多项省级教科研课题，参与泰山出版社出版小学、初中《信息技术》一书的编写，在各类刊物上发表多篇教学论文。

二、清晰定位，明确方向

如何提高工作室成员的专业素养和教科研能力，发挥工作室的辐射带动作用，对于这个问题，我们明确了方向，找准了定位，即以课例研究为载体，通过组织开展教育教学研究活动，锻造一支有特色的高素质的教师队伍，把工作室建设成初中信息技术教育教学研究基地和名优教师成长的摇篮，使其成为从科研成果转化为实践的纽带，进而全面推进日照市初中信息技术课堂教学改革。

三、赓续前行，奋楫争先

工作室成员都是比较优秀的教师。工作室立足于课堂教学、教育科研，以点带面提升他们的整体水平，促进他们勇攀高峰。同时工作室致力于培养在全区乃至全市信息技术学科领域有一定影响力的精英团队。

1. 以规划为引领

制定促进工作室快速发展的三年发展规划，并引导工作室成员根据工作室实际和个人发展方向，制定个人发展规划，全面具体地了解自己的职业发展现状和亟待解决的问题。通过三年发展规划的实施，有效推动工作室成员的成长，使其在课堂教学上出精品，在课题研究上出成果，并实现专业化成长和专业化发展，以引领学科教学共同发展。

2. 以理论学习为基础

围绕工作室目标，确定学习内容。以理论学习、专家引领、个人自学相结合的方式提升工作室成员的理论素养、专业意识和管理能力。每月进行1次线上专家讲座，每两月进行1次线下分享研讨交流，每季度走进工作室成员所在校1次对其进行指导。

3. 以课题研究为抓手

以课题研究为抓手，以个案实践为导向，从不断积累的经验中提炼理论，提升工作室成员的专业化发展能力。聚焦问题，在实践中探寻新思路、新方法，以课题研究为活动载体，带领工作室成员开展有效的科研活动。

4. 以反思研讨为手段

工作室每月开展1~2次专题会议（报告会、现场会、专题论坛、研讨会、沙龙等）。通过典型案例分析、专题研讨、名师指点、联谊互动等形式，组织学员走进“现场”、立足实践；通过开展“现场诊断”和教育交流与反思活动，帮助学员解决在实践中遇到的问题，提升其专业发展能力。“送教下乡，名师引领，骨干先行”，最大限度地发挥城区优质教育资源的示范辐射作用，进一步促进城乡教育均衡发展，不断提高农村教育教学质量。

5. 以网络交流为平台

利用工作室微信公众平台、微信群，实现优质资源共享与交流。各种优秀教案、专家论坛、网络观摩课、观摩活动、多媒体课件等内容都可以在网络平台发布，既降低了成本，又提高了效率。借助新媒体、交互软件等信息工具，缩小广大教师与名师间的差距，扩大名师的影响力，增强名师工作室引领日照市教育的推动力。

6. 以积累提升出成效

工作室提供展示的平台，定期开展成果汇报工作，充分展示成员在研修学习过程中取得的成效、进行的反思及今后工作的方向，并将工作室的教育教学和教育科研成果以精品课程、讲座、论文、课题研究等形式进行呈现。

四、心中有目标，成长有方向

蓄势而发的2020年。这一年，工作室成立，我们制定了工作室三年发展规划和工作室成员成长规划，确定了工作室的研究课题和发展方向。

为了搭建网络交流平台，增加优质资源共享与交流的机会，我们开通了工作室微信公众号；组织成员认真研读 1~2 本教育教学理论专著和专业读本，做好读书笔记并及时交流学习心得；督促成员每年至少完成一篇教学反思或案例分析，并根据需要以公开课、报告等形式在成员所在学校开展研讨活动；推荐成员参加上级赛课等活动；邀请高校专家进行专业知识和理论培训，提高成员的理论水平和专业素养。

踔厉风发的 2021 年。这一年，大家孜孜不倦，各种学习和培训活动遍地开花。工作室组织课题研究，举行课题研讨会，进一步提高大家的专业化水平，促进成员由专业型教师向科研型教师转变；扎实开展专业研修活动，通过个人研修与团队研修相结合的方式，努力提升团队成员的专业素养；邀请专家做知识讲座，并通过专业知识实践、外出学习等方式，学习先进的理念、拓宽视野，促进成员不断提升；通过课堂诊断、沙龙研讨等形式，进行课堂实践和教学研究，把工作室打造成区域知名工作室。

工作室成员及时总结自己的教育教学经验，积极撰写教育论文，争取每年至少 1 篇论文在市级及以上刊物上发表。工作室还组织和推荐成员参加各级赛课等活动。

厚积薄发的 2022 年。这一年，是别有天地，大有作为的一年。经过孜孜不倦的耕耘，工作室成员都形成了相对成熟的教学方式和教学风格，一支骨干教师团队初步建成。

工作室开展课堂教学研究，创建优质课例，促进学科教学质量内涵发展和教师队伍素养稳步提升；建成初中信息技术教学资源库；积极组织工作室成员参加各级赛课等活动；扎实推进课题研究，形成有价值的研究成果，包括论文、案例、课件、校本课程等。

工作室组织成员开展课堂教学汇报现场会等活动，通过公开课、示范课、专题讲座、教师讲坛等形式推动日照市信息技术教学改革。

工作室充分发挥网络平台的作用，基于信息技术学科建立教师区域学习共同体，打造一个具有较强的研究能力、有一定知名度的名师团队，形成一个引领全区信息技术学科整体发展的研究中心，实现成员由科研型教师向专家型教师的转变。

且回首进取点点　新征程步履款款

工作室有一群志同道合的教育筑梦人，大家幸福地工作、成长。在工作室成立一年的时间里，我们找到了更好的成长路径和更大的存在价值。我们在团队的精细研究中感受快乐，在自我成长中体验愉悦，在引领他人中享受幸福。

一、汇聚力量

1. 纳新增员，携手同行

（1）专家后援。工作室特邀曲阜师范大学传媒学院副院长赵可云教授、日照市初中信息技术教研员候继仓老师，为工作室提供强有力的专业支持。

（2）纳新增员。工作室吸纳了曲师附校时培福、日照市实验中学李杰、日照海曲高级中学王冰、日照市北京路中学赵春华、日照市新营中学牟芳萍五位优秀同人。

经过一年的运营，工作室已成为一支理论过硬、专业性强的有梯度、有潜力、有活力的初中信息技术教师队伍。

2. 建章立制，完善体系

（1）硬件建设保障。工作室挂牌成立后，购置了必备的办公用品、专业书籍等，为工作室活动提供基本的物质保证。

（2）制度健全保障。根据上级的相关考核方案和要求，结合工作室自身实际，我们确定了工作室三年发展规划、年度目标和工作制度。

（3）责任分工保障。工作室细化了成员的职责和分工。每位成员都制订了个人成长计划，明确了自己的发展目标和责任义务。

（4）软件文化保障。工作室重视文化建设，制作了宣传展板；建立了工作室微信群；设计了工作室 LOGO；开通了“日照于云霞名师工作室”微信公众号。

二、共同奋斗

工作室聚焦教师成长需求，充分发挥示范引领作用，通过“一个中心，两个目标，三大活动”，积极推进信息技术课堂教学改革和高效课堂模式的探索。

（1）“一个中心”是以编程和人工智能教育为中心。

2021 年开始，初中学业水平考试信息技术学科新增了 Python 和人工智能。工作室自成立以来，聚焦难点进行教学研究和实践。同时，工作室还申请了“计算思维导向下的区域编程教学整体性发展路径研究与实践”课题，并于 2020 年 12 月获准立项为山东省教育教学研究课题。

（2）“两个目标”是提升教师的专业水平和提升学生的综合信息素养。

在工作室的引领下，工作室成员教师取得了可圈可点的成绩。鞠学臣在岚山区信息技术研讨会上讲授公开课并做典型发言；孔海燕在莒县优质课比赛中获得一等奖；孙晓会在五莲优质课例展评中获二等奖、在市“一师一优课”比赛中获三等奖；等等。

2021 年 2 月 3 日，工作室发布了 Python 学习手册。为了让学生在寒假期间有一本实用、易操作的 Python 补充学习资料，工作室多次组织线上与线下研讨活动，立足于实际需求，分工进行编写，并及时发布。该手册使用率比较高，引起了很好的社会反响。

（3）“三大活动”分别是日照市 2020 年初中信息技术教学研讨会、山东省 2020 年初中信息技术“送教助研”活动和工作室年度会议暨省教研课题开题研讨会。

日照市 2020 年初中信息技术教学研讨会：2020 年 10 月 14 日，日照市 2020 年初中信息技术教学研讨会在莒县第六中学召开，工作室全体成员参加了会议。成员陈聪聪讲授了公开课“垃圾分类新时尚”，经过前期工作室的打磨，该课以 Python 与 STEM 有机结合的新教学模式亮相研讨会，对 Python 教学是一种启发。

山东省 2020 年初中信息技术“送教助研”活动：2020 年 12 月 23 日，山东省

2020年初中信息技术“送教助研”活动走进莒县果庄镇中心初级中学，来自全省各地市的六名老师讲授了课程，工作室全体成员参加活动。成员牟磊讲授了编程教育的公开课“用循环结构自动计算”，通过创设压岁钱教学情景，淡化语法应用，增强学生体验，引导学生发现规律，培养学生的计算思维能力。

工作室年度会议暨省教研课题开题研讨会：2021年2月28日，在日照市实验中学召开了工作室年度会议暨省教研课题开题研讨会。我做了2020年度工作室工作总结，梳理了团队2020年取得的成绩与收获，规划、部署了2021年的工作，并通报了2020年度的经费开支情况。我代表省教研课题组做了开题汇报，从课题提出的背景，研究意义、研究内容、研究思路、研究方法、研究进度及预期成果等方面进行了汇报，专家进行了开题论证和指导。该课题旨在优化编程教学内容、更新策略理念方法、建立评价机制，培养教师共同体辐射带动区域内学科教师专业化发展，提升学生的计算思维能力和信息素养，达到“两个目标”的实现。

此外，2020年10月13日，工作室第一期研讨会在莒县第三中学召开。会上，我做了题为“整合STEM教育理念，打造信息技术高效课堂”的报告，探索人工智能和STEM教育的发展点，努力创新信息技术课堂。成员们针对编程教育和课题选题进行了研讨。

三、目标与计划

（1）走出去，拓宽学习渠道。工作室利用网络平台、微信群分享优秀文章和电子书籍等。工作室给成员购买了图书《计算思维与Python编程》《信息技术与课程整合》，方便成员自学，并在合适的时间组织成员交流分享。工作室还依托曲阜师范大学进行专业培训。在有条件的情况下，工作室鼓励成员教师走出去参观学习，开阔视野。

（2）深教研，关注教师成长。工作室立足课堂教学主阵地，聚焦编程和人工智能教育，注重提升成员钻研和运用教材的能力、设计和组织教学的能力，培养成员逐步形成自己的教学风格。2020年工作室分别在东港区、莒县、山海天旅游度假区、日照经济技术开发区组织、参加了研讨活动，2022 年争取到五莲县和岚山区进行教学研讨和开展“公开课”“专家讲座”“学习论坛”等活动。

（3）聚内核，推进课题研究。以课题和论文为抓手，课题“计算思维导向下的区域编程教学整体性发展路径研究与实践”按计划有序推进。工作室鼓励成员申请、主持市级及以上课题研究，并能在实践中及时总结、提炼，争取在论文发表上有所成绩。

（4）话合作，擘画校际联动。依托日照市人工智能实验室建设，初步探索在成员校际进行学生信息技术竞赛活动，以赛促学，进一步激发学生的学习兴趣，提升学生的信息素养。回望过去，我们每一步都走得踏实有力，圆满完成了预期的目标。最让我高兴的是，东港区、高新区、岚山区……我不认识的教师主动联系我，与我交流 Python 教学、课题研究、学生竞赛等；远在新疆的支教教师也很关心名师工作室的建设情况。正是因为有了大家的关注，我们才信心十足，我们必将迎着新的目标奋力前行。

且回首进取点点，新征程步履款款。作为工作室主持人，我将和我的伙伴们继续努力，向各名师名校长工作室学习，加强自身建设，发挥工作室的作用，真正将工作室打造成青年教师的舞台、骨干教师的摇篮！

奋楫扬帆强自身

2021 年 6 月，根据《山东省教育厅关于印发山东省中小学幼儿园特级教师工作坊实施方案的通知》（鲁教师字〔2020〕6 号）要求，山东省成立特级教师工作坊。我有幸成为山东省初中信息技术特级教师工作坊的一员，开启了又一段高质量发展之旅。

我特别珍惜这个宝贵的学习机会，努力践行工作坊的计划和安排，主动承担，虚心学习，在徐恩芹教授的指导和引领下，紧跟团队的步伐，向美好的明天奋进。

一、韶华终不悔，只身赴所怀

看过去观自我。我于2006年在日照市初中信息技术优质课比赛中获得一等奖；2007年代表日照市参加山东省初中信息技术优质课评比，获得一等奖；2010年被评为日照市初中信息技术教学能手；2015年，经过基本功和说课比赛的选拔，讲授的“定格秋之美——图像的表现方式”斩获全国初中信息技术优质课展评一等奖；2018年经考核合格，被认定为“日照名师”；2019年4月，应邀参加山东省教育科学院组织的“送教助研”活动走进滨州，讲授了“技术再现诗词之美”，课程精彩纷呈，让人耳目一新。我先后获得全国新教育实验先进个人、山东省三八红旗手、山东省优秀援疆干部人才、日照市教书育人楷模、“日照名师”、日照市学科带头人、日照市教学能手、喀什地区优秀共产党员、日照市教育系统敬业爱岗共产党员、东港区优秀教师、东港区师德标兵等荣誉称号。

20多年来，我一直扎根初中信息技术教学一线，对教材和教改、学情和考情都有着较为直观的了解。在课堂教学中，我比较善于研究学生、激励学生，以及进行家校沟通等。相对而言，我比较注重对教材的分析，2020年寒假期间，为了让初三的学生有一本综合的复习手册，我带领工作室成员研讨、编写，公益发布了Python学习手册。该手册使用率比较高，引起了很好的社会反响。

专业的快速发展促使我奋斗的脚步在执着前行中越发坚实，强烈的上进心和责任心始终伴随我投身教育事业。在工作中，我孜孜不倦，乐于学习，并敢于接受新鲜事物，能与同事团结协作，能积极参加教育科研活动，能运用现代信息技术，并灵活有效地为教学服务；我积累了一定的教学经验，也乐于接受新事物和新观点。我参与过多项省、市级课题，有多篇教学论文和教学案例在省、市级教学成果评赛中获奖，具备一定的教育科研能力。

二、登高山晓去处，勇毅前行

驶入专业成长的快车道。“读好书、交高人、跟团队、学学半”是教师专业成长的主要方式，以徐恩芹教授为首的特级教师工作坊实现了四者的整合，工作坊的规划体现了专业阅读、专业交往、专业实践、专业反思、专业写作的完整发展，对我个人的专业发展也大有裨益。

很多同人评价我有经验、有成绩，但随着信息技术的日新月异，我们要与时俱进，不断前行。

在我看来，信息技术教学、教研和教育理念等方面的知识就像大海。我希望自己离开浅滩区，找到一条明确的航线。

作为日照市名师工作室的主持人，培养带动年轻教师我责无旁贷，但自己在这方面还是新手。在带领工作室的成员服务所在学校，影响周围学校，辐射全市初中信息技术教学上，我需要向徐恩芹教授这样的专业导师学习。

见贤思齐，重塑发展优势。徐恩芹教授及其他专家的学识渊博，各位同人也都走在了我的前面，我唯有以真诚、负责的态度，向专家、同人学习，牢牢把握机会，积极完成特级教师工作坊交代的各项工作。我将团结带领工作室成员，完成工作室三年规划，服务更多人。

三、早绸缪待悬帆，携手奋进

2021—2022 年度目标，让工作室的效能助力每一个成员高质量发展，实现由专业型教师向科研型教师的转变。

通过课题研究，进一步提高专业化水平。本年度具体活动安排：读 1~2 本教育教学书籍，做好读书笔记；针对八年级的教学内容开发数字化教学资源；组织和推荐工作室成员参加各级赛课等活动；参加 2 次以上专业研修活动，进一步开拓视野、学习理念、促进提升；个人研修与团队研修相结合，努力提升团队成员的专业素养；通过专家讲座、专业知识实践、外出学习等方式，进行课堂实践和教学研究，鼓励工作室成员及时总结自己的教育教学经验，积极撰写教育论文，争取至少 1 篇论文在市级及以上刊物上发表；争取利用一年的时间把工作室打造成区域知名工作室。

2022—2023 年度目标，初步建成一支骨干教师团队，成员教师都形成自己相对成熟的教学方式和教学风格。开展课堂教学研究，创建优质课例，促进学科教学质量内涵发展和教师队伍素养稳步提升；建成初中信息技术教学资源库；积极组织工作室成员参加各级赛课等活动；扎实推进课题研究，形成有价值的研究成果，包括论文、案例、课件、校本课程等；针对八年级的教学内容继续开发数字化教学资源。

2023—2024 年度目标，持续推动构建区域知名工作室。组织和参加至少 2 次专题教研活动；针对九年级的教学内容开发数字化教学资源；每学期撰写 1 个教学案例；带领团队成员外出参加 1 次省级以上学术会议；带领团队成员进行 1 次外出学科交流学习活动；撰写 1 篇教学研究论文；形成 1 篇课题研究报告。

我们的故事

我主持的名师工作室现有成员 10 多位，覆盖了包括全市县区在内的初中学校教师。为更好、更快地培养有才能、有魄力、有追求的青年教师，促进他们成长，我充分发挥主持人和工作室的示范、辐射作用，竭尽全力给予成员最大的帮助与支持，实现资源共享、高效引领，努力使工作室成为大家共同学习、交流、提升的平台，以及大家的精神家园。

我用心用情付出，做大家的知心姐姐和领航者，力求让工作室成员在教师队伍中脱颖而出。

常有老师问我："你每一天都是工作日，不仅细致入微地管理学校，还为了工作室成员的成长，夜以继日地工作，难道你不觉得累吗？"

我醉心于工作，享受和一群志同道合的人一起交流，我更喜欢看到大家收获时的喜悦。

回想自己走过的路，想想和老师之间发生的故事，翻阅大家给我的留言、写的信等，我感到我所做的一切都很值得。不妨来看一看我们之间发生的故事。

陈聪聪是日照市山海天旅游度假区青岛路中学的信息技术老师，2017 年毕业。她和我有同样入门经历——非师范类毕业生执着地耕耘在教育天地里。或许因为入门经历相同，她对我格外亲切、真诚。我很欣赏聪敏好学和积极上进的她，有机会就全力以赴地帮助、激励她。

2020 年陈聪聪要在日照市初中信息技术教学研讨会上讲授公开课，这是她的首秀，我高度重视。在"磨课阶段"，我给她打电话时感觉到她有些焦虑，于是我挤出时间从自己学校赶到她的学校，把自己参加全国优质课比赛的经验传授给她并为她指导。我们一个问题一个问题地解决，一个细节一个细节地打磨，对从课程选题到教学设计等每一个细节都做到精益求精。功夫不负有心人，她的公开课赢得了大家的一致认可。陈聪聪和我说，这次赛课唤醒了她的成长意识，使她体验到了奋斗的快乐。在以后的日子上，她一路成长，积极参加山东省线上公开课展示，撰写国家级案例等，荣获全国信息技术创新案例一等奖、日照市STEM公开课一等奖、日照市信息技术技能大赛一等奖、“山东省发明创新优秀指导教师”称号。很高兴看到她不断成长。她和我的交流也很多，言语里都是感谢，三八妇女节那天，她给我写了一封信。

于校长：

您好！

节日快乐！今日书写此信表达我的祝福！

您有一种独特的人格魅力！

人之所幸，是在对的时间遇见对的人，做出对的事。作为一名青年教师，能在教师职业生涯的初期邂逅您并加入工作室，是莫大的一种幸运。人走上一条路后，就会慢慢适应这条路，也许还会爱上这条路。不想当老师的您，如今已投身教育26载，为教育奉献了自己的青春和智慧。非师范专业、偶然进入教育行业的我，也正在走您走过的路。

您的身上有很多“标签”：兼职教研员、“女神”校长、名师工作室主持人、援疆教师……但最吸引我的是您的人格魅力，不仅是您成熟的韵味、温柔的话语，是您创新的思维、有趣的灵魂，更是您锲而不舍的精神和生生不息的动力。

从2020年8月工作室创建至今，两年的时间，您辗转三所学校，您走到哪里，哪里就树立起一个品牌，哪里就被您点亮。不管在哪个工作岗位上您总能熠熠发光。作为工作室的首批成员，我在这里仿佛寻找到了一束光。这里有“有求必应”的高颜值主持人，有“有惑必解”的高水平“专家团”，更有“有才可展”的高质量平台。在这里，我感受到了被点燃、被唤醒和万物生长的生命力，我看见了更广阔的世界，我也从一个“透明”的信息打工人变成一个全新的自己。

开启专业成长的“极速模式”。

每个青年教师都有自己的专业发展需要，名师的指导不一定是手把手教，有时候一句话就让人受益匪浅。我很庆幸在自己专业成长的过程中始终有名师的指引。工作室里大咖云集，既有著作等身、思想深刻、笔耕不辍的教育前辈，又有学科基础知识扎实、课堂教学严谨细致、极富自身特色的精英教师。基于这个平台,我们青年教师有了近距离向专家、学者学习的机会,也有了更多提升自我的空间和鞭策自己的动力。

两年来,我们从懵懂到逐渐成熟,既有观念上的进步,也有理论上的提高;既有知识上的积淀,也有教学技艺上的增长。您总是在用心思考研究的方向,引导我们进入一个又一个探究的领域,并在其中鼓励、引导我们,让我们体验到"攀登"的快乐。您带领我们参加比赛、做课题,鼓励我们开发课程,组织我们参加省级工作坊的活动……加入工作室后我接触到了很多原本没接触过的东西,我的视野更加开阔了。

2020 年我要在日照市初中信息技术教学研讨会上讲授公开课,由于是首秀,我有些焦虑。您给我打电话时感觉到了我的焦虑,在学校工作异常繁忙的情况下,您专门从城西来到山海天旅游度假区,连续两次听我试讲,为我精准指导。平时您还常常通过电话跟踪指导,精准到每一个细节,这让我受益匪浅。授课那天,您向我投来了鼓励的目光,您的鼓励让我信心倍增。我的公开课赢得了现场专家和老师们的阵阵掌声。

您不仅在授课上给予我们耐心指导,而且在公众号运营、课题研究方向、工作发展趋势等方面,您都细致指导,带领大家交流、成长,工作室交流群也常常在深夜沸腾。"独行速,众行远",在这样一个由志同道合者组成的团队里学习成长,有料、有趣、有情,一路风光,一路徜徉。在工作室两年的时间内,我个人的专业成长也开启了"极速模式",讲授市级信息技术公开课,在省线上教学研讨会上展示课例,参与五项国、省、市级课题,课例入选教育部综合实践课程案例,STEM 案例入选中国 STEM 教育大会案例集……

主持人工作"有工夫",工作室成员"有作为"。

教师的专业成长是一个锲而不舍的探索过程,需要正确的途径;教师的专业成长是一个负重前行的修炼过程,需要有力的支点。"相知相守",通常是人们对新人的美好祝愿,我们又何尝不是呢? 不知不觉中,我已经加入这个团队两年了。两年来,工作室充分挖掘资源,既仰望星空,点燃学员激情,又脚踏实地,让成员在俯身耕耘中收获满满;既让个人融入团队,又让团队彰显集体个性。工作室已成为名副其实的“进阶之家”。一张张证书、一篇篇论文、一节节精彩的课例……这一切都得益于我们整个团队的相扶相持，更得益于您的带领和支持。

行远自迩砥砺行，回眸展望满庭芳。这世上最大的喜悦，莫过于前路可期。您以独特的人格魅力始终指引、点亮着大家，工作室的伙伴在您的带领下，携一颗初心，一路攀山涉水，探索信息科技教学的通幽曲径；葆一份痴心，寻觅专业发展的无边光景。

第三辑

继之以日夜：我的教科研之路

基于思维品质培养的问题式学习

数学家波利亚曾说:“教师讲什么不重要,学生想什么比这重要1 000倍。”“教”的存在是因为“学”的需要。

“学为中心”的课堂以学生的发展为本,以学生的学习为中心,充分发挥学生的主动性和创造性,以多元互动的“对话式教学”置换一元主导的“独白式教学”,实现教学从预设、静态向动态、生成的转变,将每个学生的学习动力和潜能释放出来,促进学生的自主学习和自我实现,完成知识的自我建构。

要落实“学为中心”的教学理念,必须做到从研究教师如何教到研究学生怎么学的转变。重点改变以下现状:教师讲解过多,学生学习主动性不足;教师在教学中预设不足,学生的过程性思考不充分;教师对学生存在知识差异的有效对策不足;等等。切实从学生出发,研究其在课堂上如何个性化学习。

在“学为中心”理念的指导下,基于思维品质培养的问题式学习,将围绕“问题(情景)—探究—展示”来进行一个发现问题、分析问题、解决问题的思维训练过程。这个过程充满了疑惑和挑战,其核心是智力挑战和思维训练。知识只是解决问题的工具,学习的目的是培养学生的思维品质,激发学生探索知识的积极性。学生在教师的引领下进行自主探究,发现问题并探究解决问题的有效方法,最终实现知识的建构、迁移、拓展和应用。

一、问题式学习的教学环节

1. 创设情景,提出问题

教师创设问题情景,激发学生思考,引导学生从情景中发现问题。教师要根据教学目标和教学内容的需要,创设一个与学生生活密切相关的、能够激发学生兴趣,并能与教学目标一致的问题情景。教师从方法、心理等方面引导学生联系已有的知识和经验,提出质疑、敢于创新,并产生探究的欲望,进而提出问题。情景呈现的方式是多种多样的,例如:呈现一种现象,讲述一个故事,聆听一首音乐，观看一段视频，分析一组调查数据，浏览一个网站，等等。

学生提出问题后，教师根据教学目标和现实条件，组织学生对问题的可行性、合理性进行评价；依据评价结果，对问题做出相应调整，力求使提出的问题难易程度适中，能满足学生的探究需要和实现教学目标，并有拓展的空间。

2. 分析问题，规划方案

学生发现并提出问题后，教师要组织学生进一步分析问题，尝试找到解决问题的方案。具体的分析、分工过程是以学生探索问题解决方案为主线进行的。教师引导学生通过小组讨论的形式对问题进行深度分析，明确解决问题所需的知识和方法，以及知识获取的途径。在此过程中，教师是以指导者、协助者的身份出现的，教师要把握时机，跟进指导，引导学生快速规划解决问题的方案，并对方案进行评价、调整，使方案的实施过程更高效、高质，从而使学生完成知识探究。

3. 合作探究，解决问题

为了保证课堂学习的实效性和针对性，教师在备课时就要为学生准备充足的学习资料（如图片、文本、微视频等）。在问题探索过程中，教师引导学生对解决问题所须掌握的知识进行主动阅读、认真思考、大胆实践，并促进学生发挥集体智慧，引导学生合作探究、取长补短，让每个学生在解决问题的过程中得到个性化发展。

4. 总结评价，巩固提高

评价贯穿教学始终，而过程性评价能及时发现学生的亮点和存在的问题。教师根据评价结果给予学生积极的肯定或修改意见，并促进问题的解决。评价的角度是多方面的，如对新知识的理解、掌握和应用能力，自主学习能力，同学间的相互协作能力，问题解决能力，创新能力等。总结性评价可采用自评和互评的方式进行，让学生在解决问题的基础上，展示解决方案、反思过程表现，有利于学生发现自己的不足，学习他人的长处，是集体智慧的一次碰撞和交流。

5. 拓展延伸，学以致用

拓展延伸是在问题探究的基础上对已解决的问题进行深入研究，并引导学生将其应用到实际问题中。其目的是更好地完成教育教学目标，激发学生探究事物的兴趣，提高学生的创新意识，为学生知识建构的系统性和完整性提供途径，达到学以致用的目的。

二、案例展示

下面通过两个案例来了解在问题式学习中如何通过问题解决的途径来培养学生的思维能力。

（一）技术再现诗词之美——多媒体作品制作

近年来，文化自信被提升到了前所未有的高度。传统文化如何融入信息技术课堂，信息技术课程又如何体现文学的艺术之美？

本案例将信息技术学科与语文学科融合，以诗词之美为主线，给学生创建一个探究情景。我将设计思维作为着力研究的问题，引导学生主动思考、自主探究，实现创意制作。我将本节课的教学目标融入问题解决的整个过程，通过拓展延伸来培养学生的数字化学习和综合运用能力，提高学生的信息素养。

具体的教学过程如下。

1. 情景导入，引出问题

春暖花开的时节，与学生一起回忆描写春天的诗句，从古诗词的语言美、画面美、音韵美、情感美等方面，唤醒学生已有的知识。抛出问题：如何通过技术来呈现诗词之美？问题直接指出了学生的思考方向，引发学生的学习兴趣。学生很快发现，可以应用不同软件实现“静态”和“动态”不同的表达效果。

学生潜在思考的问题是：我要设计什么，用什么软件设计，如何进行设计。通过对这些问题的思考，学生在真实的任务情景中产生自主创作的需求。

2. 分析问题，作品规划

多媒体作品的制作需要规划先行，这样才能打造精品。脚本设计是将创意能力与技术、艺术相结合的创造过程，对作品起指导性作用。教师要让学生了解文字脚本和制作脚本，带领学生根据诗词表达的需要，结合已有的素材，进行脚本设计。学生要了解诗词表达的主题、描绘的画面、画面包含的元素，以及明确颜色基调、文本、图像、音频等多种对象的呈现方式和呈现顺序。

教师根据诗词内容引导学生选择合适的软件和素材，并根据学生选定的主题，指导他们利用 Word 和 Photoshop 进行静态作品制作，利用 Flash 和 PPT 进行动态作品制作……培养学生形成根据需求选择不同软件，以及根据软件选择不同素材和表达方式的思维方法。

3. 合作探究，创意制作

学生根据初步的设计思路，分小组进行作品的创作。可以小组成员合作完成一个作品，也可以组内成员按照自己的设计思路进行个性制作。

根据对诗词的理解，教师引导学生从诗词的画面美、作品的声音美、诗词的意境美三个方面来呈现诗词的美。

（1）诗词的画面美。诗词描绘了一幅怎样的画面？画面包含哪些元素？学生需要做什么样的修饰？教师可以从色彩美、文字美和图像美三个方面来引导学生呈现画面美。

①色彩美：根据作品内容巧妙搭配颜色。

②文字美：通过字体、字号、文字颜色的变化及构图设计来提高画面的识别度和美感。

③图像美：根据需求对图像进行裁剪、加特效等再编辑，增强画面的表现力。

学生在制作过程中，会遇到技术上的问题。教师应提供学习资料，让学生有针对性地学习，并尝试自己解决问题。

（2）作品的声音美。在画面美的基础上，添加合适的声音可以增强作品的感染力。教师可以从背景音乐、音效设置、朗读等方面引导学生呈现声音之美。

（3）诗词的意境美。诗词给读者留下了想象的空间。学生可根据自己的理解，使用软件对文字和图像进行深加工，以增强作品的表现力和感染力，从而表达诗词意境美。

在这个过程中，学生应主动地学习、思考和探究，对制作中出现的各种问题，根据教师提供的学习资料，分析问题，寻找解决问题的方案，尝试自己解决问题。

例如,素材问题(要对素材进行前期的选择,并进行加工处理)、设计初衷与软件技术冲突问题(需要调整设计)……学生在探索中发现问题、调整设计,灵活运用多种媒体元素表达作品意境。

4. 总结评价,拓展延伸

在前期充分讨论、相互学习、制作修改的基础上,每个小组选 1 名代表对作品进行展示交流,交流中要充分发挥学生的想象力,通过作品表达诗词之美。在评价中,教师从画面设计、元素处理、整体效果和作品创新四个方面进行点评,强调规划设计的重要、创新的可贵。

通过“技术再现诗词之美——多媒体作品制作”案例不难发现,在教学设计中教师重点关注问题设计。对于作品创作的教学,教师以往只关注技术学习,目的是完成教师布置的作品。但在基于问题的教学设计中,教师关注的则是学生设计、制作的过程,突出先行设计的理念,即要做什么—如何设计—进行创作—分享成果。

在作品创作的教学设计中,教师要培养学生的设计意识,让其创意与作品建立连接。在作品创作的过程中,学生要逐步发现问题、修正设计、完善创意。无论选择什么样的设计软件,设计的过程和在设计过程中遇到的问题都是相通的。我们也期待学生在多种应用设计的体验中,提高独立解决问题的能力。

学生发展核心素养,是对“三维目标”的综合体现与提升,我们在关注知识技能的基础上,还强调问题解决能力、情感态度、价值观、社会责任等多个方面。

(1)本案例以问题的解决为出发点,让学生了解和熟悉信息技术在实际生活中的广泛应用,感知信息技术对生活的影响与社会发展的重要作用,从而在生活体验中逐渐培养信息意识。

(2)本案例以古诗词之美为主线,实现了语文、美术多学科的融合,通过真实的问题情景,培养学生的探索意识,引导学生提出疑问和进行深入研究,鼓励学生将所学知识运用到实践中,并能创造性地解决问题,开拓学生的创造性思维,提高学生的实践能力。

(3)案例中教师提供丰富的学习资料,指导学生运用数字化学习工具进行自主学习、协同工作与知识分享，鼓励学生积极参与数字化学习与创新活动，使学生适应数字化学习环境，培养学生终身学习的习惯。

（4）案例中教师坚持立德树人价值观，弘扬优秀传统文化，引导学生树立健康向上的技术价值观，提高学生在信息社会中生存、发展与创新的能力，使学生形成良好的信息素养。

（二）网络安全

我国已经进入全民网络时代，可以说现在家家户户都离不开网络。网络给我们带来了各种便利，使我们的生活水平和质量有了很大的提高，但也给我们带来了一定的风险和烦恼。特别是大数据、云计算、物联网等新兴技术的快速发展，让网络安全问题更加突出。为了增强学生的信息安全意识，提高信息安全能力，设计了本课程。

本案例通过一个发生在学生身边的实际情况来引发学生的学习兴趣和思考，引导学生发现问题、探索问题、解决问题，培养学生多角度、多方位思考问题，以及解决问题的能力。运用灵活多变的小组活动培养学生的合作意识和自主学习能力。学生在学习的过程中应以自学为主，遇到困难可以参考学案中的提示，或者请教同学、老师，实现自主学习与合作讨论相结合。

1. 情景导入，引出问题

最近有个同学遇到了一件奇怪的事，他在登录 QQ 空间的时候网页跳转到了《中国好声音》栏目组发的中奖信息页面。

学生首先经过分析提出了以下疑问。出现这种现象的原因是什么？如何辨别中奖信息的真伪？其次学生根据已有知识和生活经验进行了充分讨论，并得出中奖信息是假信息的结论，就此引出网络安全话题。

思起源于疑，用情景调动学生思考的积极性，进而使学生产生探索问题的动力。

2. 分析问题，规划方案

为什么会出现这种现象？如何解决问题？学生进行分组讨论，在此基础上，教师播放视频短片，让学生了解信息安全现状。

学生讨论结果：电脑中毒了？路由器被攻击了？并提出相关的解决方案。

本环节引导学生进行分析、判断和推理，提高学生的思维能力。

3. 探究学习，解决问题

活动一：修改路由器密码。同学们的家里有没有路由器，你们家的路由器安全吗？老师给大家带来了一个路由器，我们先来看看它的无线设置是否安全。

老师以提问的方式引发学生的好奇心，让学生深入思考。

路由器的密码安全吗？怎么设置才能更安全？

学生参考课本或者学案，自学探究完成任务。

密码一般由大、小写字母，数字，符号等组成，路由器的密码长度为 8~16 位。按照这样的规则修改密码后路由器是不是就万无一失了呢？

虽然我们设定的密码强度为强，但是通过软件仍有破解密码的可能。能否通过其他操作实现别人虽然知道密码，但是访问不了路由器呢？

基于这个问题教师开始介绍 MAC 地址绑定，引导学生由“被动学习”转化为“主动学习”。

此环节由学生自主探究完成任务，培养学生自主学习的能力，让他们在解决问题的同时体验、理解密码安全设置的重要性。

活动二：下载安装 360 杀毒软件。路由器密码设置好后，上网就安全了吗？当然不是，我们还要在电脑上加装一道防护措施——杀毒软件。让学生观察、讨论家里的电脑是否安装了杀毒软件，都是什么类型的杀毒软件。

学生在搜索杀毒软件时可能会进入非正规网站，误下载广告或恶意插件。教师可借此机会让学生思考问题产生的原因，分析解决的办法，并演示正确的操作流程。

4. 讨论交流，拓展提升

教师通过案例引导学生养成好的信息习惯，定期修改密码；提示学生正确应对信息诈骗，增强心理素质；引导学生重视信息泄露事件，提高信息素养，培养爱国意识。

语言是思维的外衣，语言水平越高，思维的系统性和逻辑性就越强。教师要注重对学生理解能力和语言表达能力的培养。

本课例内容理论性较强，教师不拘泥于教材，挖掘身边的事件，对教学内容进行合理重组，引导学生自主学习，重视分组讨论交流，在发现问题、分析问题、解决问题的过程中，培养学生良好的思维品质。

①本案例同样以问题的解决为出发点，让学生了解信息安全现状，认识到信息安全的重要性，增强其基本的信息安全防范意识，使其养成良好的网络行为习惯。

②本案例通过真实的问题情景，使学生提出疑问和进行探究，并利用教师提供的学习资料正确地设置路由器和安装杀毒软件；掌握基本的计算机安全防护技能；提高处理信息安全的能力；能够识别钓鱼网站等网络诈骗平台。

③本案例通过个人隐私泄露等事件，引导学生正确解读网络信息，合理使用网络资源，形成正确的价值观，维护网络道德规范，遵循信息伦理与道德准则，规范自己的信息行为，尊重他人知识产权，不非法攫取他人秘密，不制造和传播伪劣信息，抵制违法信息行为。

网络信息安全不仅涉及我们个人的财产安全、生命安全，甚至关乎国家利益。通过本节课的学习，倡导学生从自我做起，培养网络安全意识，提高信息安全修养。

三、问题式教学存在的问题

新课改背景下，问题式教学成为课堂教学中最重要和最流行的教学方式之一。然而，从现实来看，由于受传统观念和知识匮乏等因素的影响，问题式教学仍存在问题设计单一、随意等不足，缺乏实效性。要提高问题式教学的实效性，就必须使教师真正实现教学观、学生观的转变，认真实践问题式教学。

根据对教学现状的了解，问题式教学存在以下几个方面的问题。

（1）问题的提出者多为教师，忽视学生的主体性，在学生发现和提出问题方面缺乏引导。教决定着学，学围绕着教。这一点恰恰与问题式教学突出学生学习的自主性和主动性,发挥学生的想象力和创造精神,强调教师作为激励者、促进者角色,以及学生在民主、平等的氛围中共同学习、共同成长的价值内涵是相反的。

(2)问题设计得单一,多针对学生较低层次的认知发展水平,能够引起学生进行积极、深入思考的过程性问题或见解性问题较少。问题的类型以事实性问题和理解性问题为主,基本没有开放性的、鼓励学生进行分析评价的问题。

通过与教师、学生的交流和课例分析,我们发现造成问题式教学实效性较差的原因既有观念方面的,也有知识与技能方面的。

从观念的角度来看,新课改以来,尽管教师接受了大量的新理念,但传统的注重以基础知识传授和基本技能训练为核心的教学观,不相信学生的智慧潜能的学生观等仍根深蒂固。许多教师仍遵循“教师示范、学生模仿”的教学思路,课堂上不敢放手,更不用说引导学生提出问题、解决问题了。

从知识与技能的角度来看,一些教师对如何创设真正有利于学生创造性思维培养的“问题”,如何营造有利于问题式教学开展的氛围等缺乏基本了解。

四、如何促进问题式教学方式发展

1. 转变观念,增强问题式教学意识

新的教学方式能否真正在课堂中得以落实,关键在于教师是否真正实现了教学观、学生观等的转变。教师要重新反思和认识教学、学生,将新的教学观、学生观渗透于自己的教学中。教师必须清楚地认识到传授知识、培养技能是教学活动的重要职能,但非唯一职能,教学是促进人的身体、心灵、认知、情感、信念等全面发展的活动。学生通过发现、分析与解决问题来唤醒和激发自己的潜能。教师应激励学生自主探究,体验获得知识的方法,从而实现学生的全面发展。

因此,要真正提高问题式教学的实效,教师必须相信学生,坚定学生作为学习主体的信念,启发学生敢想、敢问、能问,激发学生的想象力和创造力,培养学生的批判性思维、创造性思维和解决问题的能力。

例如,在网络安全案例中,学生在登录 QQ 空间时打开的是其他网页。这到

底是怎么回事呢？让学生探索问题产生的原因，找到解决问题的办法，将教学目标融入问题解决的整个过程，最后通过拓展延伸来培养学生的信息安全意识，提高学生的信息素养。

2. 明确问题，优化问题式教学艺术

斯皮罗等人关于问题的分类理论告诉我们，只有那些具有开放、多元等特性，问题条件、目标及解答途径不确定，答案追求多元化，且要求对大量而多样的知识进行类比、联合、组合等一系列复杂的高水平认知加工活动的问题才真正有利于学生创造性思维的培养。此类问题为学生开拓了一个广阔的探索空间，在这个空间里学生可充分张开思维的翅膀，寻找解决问题的“金钥匙”，从而使思维变得灵活、开阔。因此，在进行问题式教学前，教师应积极创设开放、多元的有效问题。

例如，信息技术发展日新月异，“二维码”“刷脸”技术已经走进我们的生活，教师引导学生思考以下问题。你觉得下次信息技术革命会有什么代表技术，这种代表技术需要多长时间实现呢？有了“翻译软件”，人类还需要学习外语吗？我们不必在意学生做出什么样的结论，因为设置这些问题的初衷是让学生打开思路、开拓视野。

问题设置作为问题式学习的核心所在，将直接影响学生的学习效果。根据以上分析，问题设置应遵循以下原则。

（1）问题的目标性。明确设计该问题的目的，即“要学生学什么”。使不同层次的学生在解决问题的过程中，了解、熟悉、掌握相应的内容，实现共性与个性的统一，达到在总目标的指引下，初步形成相差目标下的多重目标群；使学生在达到目标的同时，感受到个人成长的意义；使学生在掌握基础的前提下，得到差异发展，真正实现“问题”导学。表现在课堂上就是学生自主选择难易程度不同的问题。

（2）问题的合理性。问题的合理性包括问题的现实性、真实性和可操作性等方面。它必须是客观存在的现实问题，在此基础上，使问题与学科知识或现实生活中的具体任务相联系，并且符合学生的认知规律和身心发展特点，可稍微超出学生智力发展的边界（即最近发展区），但要让学生可以通过已有的知识、技能和与他人的合作、交流完成任务。

（3）问题的创造性。问题设计时应充分考虑问题的开放性和再生性，即学生创新思维能力的培养。在问题设计时，既可以从问题的扩散性入手，让学生从不同的角度得到多种解决问题的方法（当然，这需要教师的点拨引导）；也可以进行“多问题”的设计，即对某一问题设置多个小问题通过合作来完成，以便更好地因材施教；同时老师要鼓励学生进行问题的“二度开发”，使学生在原有的基础上对问题提出新的看法，从而进行深入探究。

“课堂革命”的总原则是坚持以学习者为中心，为不同层次、不同类型的学习者提供个性化、多样化、高质量的教育服务，促进学习者主动学习、释放潜能、全面发展。

3. 注重思维品质培养

基于思维品质培养的问题式学习，让学生在设疑、解疑的过程中获取知识、提升能力，为学生提供了一个有效的交流、沟通、合作、探究、发展的教学模式。

（1）培养思维习惯。问题式学习起于思，源于疑。疑问是获得知识的前提条件，有了疑问，才有进一步深入学习的需要，也才有可能获得新知识。人的认知能力包括许多方面，其中占中心位置的是思考能力，也就是思维能力。学生在分析、解决问题的过程中，由于思维能力存在着明显的差异，会表现出不同的认识水平。学生发现了问题，并通过分析问题找出解决途径，这就是他们思维锻炼的过程。学生发现的问题越有深度，解决问题的程度越彻底，其思维就越向着认识事物内在联系和规律方面发展，也就变得更敏捷。

（2）培养自主学习能力。问题式学习以学习者为中心，使学生主体得到充分的发挥。学生从老师提供的问题情景中发现问题、提出问题，然后在查阅资料、提出假设、制定方案、实施方案、修改评价、反思提升的过程中，根据自己的特长和风格进行有效的学习。

（3）培养合作交流能力。问题式学习是以小组的形式开展的，在问题解决过程中，学生要与组内成员实时进行沟通，分工合作，共同进步；要向教师咨询，获得有效指导。学生要在学习过程中不断培养自己合作共赢、协同发展的能力。

（4）提高课堂亲和力。问题式学习使“教”真正有效地为“学”服务。学生是教学活动的中心，一切教学活动都是为了促进学生发展。教师的角色是多重的，不仅是学生知识的信息源，问题情景的设计者，自主学习活动的组织者，还是指点迷津的引路人。在教学过程中，师生关系是完全平等的。

信息技术课程经历了从单纯的技能训练到信息素养培养的转变。在借鉴、继承与创新中进行新型教学方式的探索是信息技术课程教师的任务之一。问题式教学为初中信息技术教学提供了另一个视角。“路漫漫其修远兮，吾将上下而求索”，“课堂革命”的号角已经吹响，让我们一起出发，为新时期的课堂革命做出新的贡献。

课例1：定格秋之美——图像的表现方式

一、教学目标

（一）知识与技能

（1）了解图像处理软件的共性及特点。

（2）掌握图像的制作方法，会根据需求进行图像处理。

（3）通过QQ平台交流展示作品。

（二）过程与方法

通过自主探究学习，培养学生发现问题、分析问题和解决问题的能力。

（三）情感态度与价值观

激发学生的探究热情，培养学生的实践操作能力、应用能力和审美能力，提升学生的信息素养，陶冶学生热爱学校、热爱大自然、热爱生活的情操。

二、教学重点

根据主题进行创作。

三、教学难点

对图像的处理和美化。

四、教学方法

微项目教学。

五、课前准备

安装“易企秀”“初页”图像处理软件；准备好Pad（平板电脑）和学生在校园中拍摄的照片。

六、教学过程

（一）创设情景

1. 图像的对比

展示教师拍摄的第一张图片，问学生从中读出了什么？

展示教师拍摄的第二张图片，问学生又从中读出了什么？

通过添加文字和对图像进行处理，突出图像的内涵，清晰地表达主题。

告诉学生以上图像的效果是通过“易企秀”图像处理软件实现的。

2. 项目任务

本节课我们使用“初页”和“易企秀”图像处理软件探索图像的不同表现方式。

（二）微项目探究

1. 明确项目要求

（1）确定主题。

（2）对图像进行处理和美化。

（3）通过QQ平台发布。

（4）小组长负责填写项目学习记录。

2. 项目实施

每小组使用“初页”“易企秀”图像处理软件进行图像的制作。

（1）确定主题：根据课前拍摄的照片，小组讨论确定创作主题，并用简练、精确的语言表达。

（2）图像处理：使用Pad自带的图像优化功能进行处理，如适当地裁切图片，调整饱和度、对比度等，以改善图像质量，增强表现力。

（3）添加文字：为图像配以适当的文字，起画龙点睛的作用。

（4）图像的深加工：充分利用图像处理软件的功能，以增强图像的表现力和感染力，突出主题。

3. 项目交流

（1）将作品发布到QQ平台。

（2）展示交流：每小组选1名代表介绍本组的作品，包括作品主题、后期处理用到的技术和技巧等。

（3）评价：相互欣赏作品，包括自我评价、学生评价和教师评价。

课例 2：动画制作基础

一、教学目标

1. 知识与技能

（1）能说出动画原理。

（2）能使用不同类型的帧。

（3）会制作简单的 Flash 动画。

2. 过程与方法

（1）通过自主探究学习，提高学生的自学能力。

（2）体验动画制作的过程，感受动画作品服务生活、传递信息的特点。

3. 情感态度与价值观

（1）培养学生用动画作品模拟现实的能力。

（2）通过欣赏和制作动画，调动学生学习动画制作的积极性，激发学生的学习兴趣。

二、教学重点与难点

重点：理解动画原理，会使用不同类型的帧，会制作简单的动画。

难点：理解动画原理，灵活使用动画中的帧。

三、教学过程

（一）动画欣赏，导入新知

（1）欣赏一组动画片图片。

（2）欣赏动画片《大闹天宫》，如图 3-1 所示。

图 3-1　动画片《大闹天宫》片段

《大闹天宫》是上海美术电影制片厂于1961—1964年制作的一部彩色动画长片。它是中国动画史上的丰碑，使中国传统文化展现在世界面前，是中国的骄傲。

（二）动手体验，理解原理

思考：什么是动画？动画的原理是什么？

教师提供了几幅人物奔跑分解动作的图片，如图 3-2 所示。同学们对这些图片快速地进行翻页，并观察在快速翻页时图片上的人物有什么变化？

图 3-2　人物奔跑分解动作

试一试：使用“看图软件”进行快速地翻页，图片会出现“动画”的效果。

动画的形成：快速翻动一系列相关联的静止图片，图片上的画面就会形成动画。

思考：为什么静止的画面在被快速翻动时会变成动画？

动画原理

人眼具有“**视觉暂留**”的特性，当人的眼睛看到一幅画或一个物体后，图像不会马上消失，而会延续 0.34 秒左右。利用这一原理，在一幅画还没有消失前播放下一幅画，一种流畅的视觉变化效果就形成了，也就是动画效果。

这种采用逐格方式拍摄，观看时连续播放形成的活动影像，就是**动画**。

欣赏：“笼中鸟”视频和“翻页动画”视频。

（三）自主探究，动画初探

借助微课程进行自主探究式学习，使用 Flash 软件制作翻页动画。制作界面如图 3-3 至图 3-6 所示。制作流程如图 3-7 所示。

图 3-3　认识 Flash

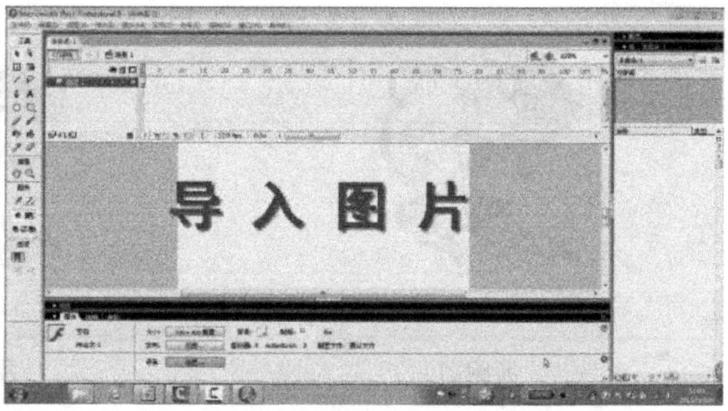

图 3-4　导入图片

图 3-5　认识 Flash 动画中的帧

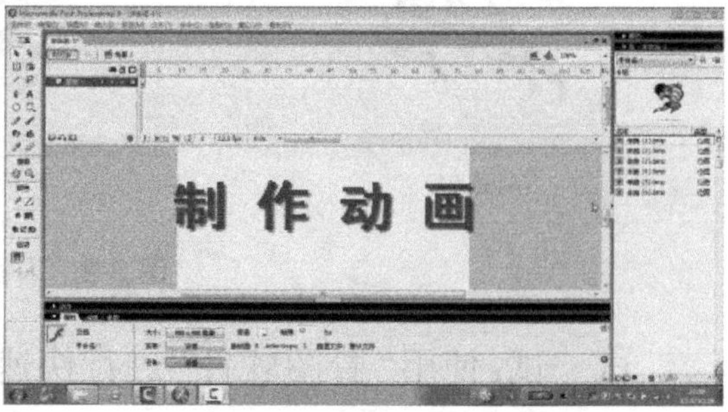

图 3-6　制作动画

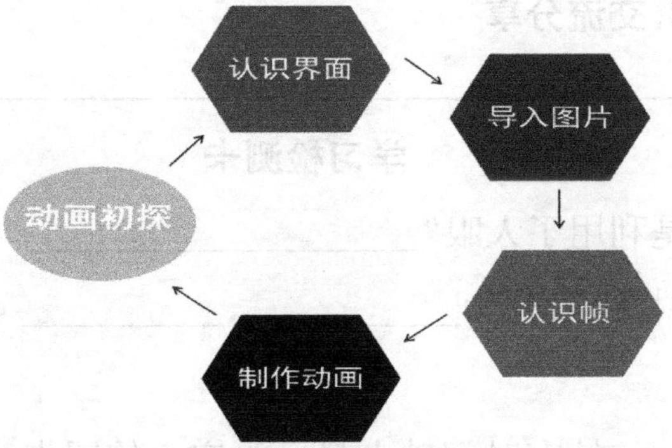

图 3-7　制作流程

项目任务:制作一个流畅的翻页动画。

教师在微课中设疑,让学生在自学探究后主动思考、解决问题,强化帧的应用,巩固落实重难点。

思考 1:如何降低动画的运动速度?

思考 2:Flash 动画中三种帧的作用?

关键帧:指在动画放映过程中,动画的内容呈现出了关键性的改变。

空白关键帧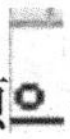:没有任何内容的关键帧。

普通帧:能显示前一个关键帧的内容,但不能对其内容进行编辑的帧。

(四)强化重点,综合应用

项目任务:如何改变动画的运动速度?

综合制作:不仅能自主制作一个流畅的动画,还能合理地设计动画的节奏,并进行创意制作。

（五）自学检测，交流分享

学习检测卡

1. 动画原理是利用了人眼“____________________”的特性。

2.Flash 动画中的帧分为___________、___________、___________和__________。

3.____________ 帧在时间轴上显示为实心的圆点，__________帧在时间轴上显示为空心的圆点，___________帧在时间轴上显示为灰色填充的小方格。

4.__________帧在时间轴上能显示前一个关键帧的内容，但不能对其内容进行编辑。

5.__________帧表示在工作区中没有任何内容。

6.__________的帧频率为每秒 12 帧。

7. 播放动画的快捷键是__________，测试影片的快捷键是__________。

课例 3：技术再现诗词之美——多媒体作品制作

一、教学目标

(1)了解多媒体作品制作的一般流程。

(2)会使用相关软件进行图像设计、动画设置、多种媒体的整合。

(3) 培养深度思维的能力,学会分解问题,通过简单元素的整合来解决问题。

(4)激发探究热情,培养实践操作能力、应用能力和审美情操,提升学科核心素养。

二、教学重点

根据需求进行作品创作。

三、教学难点

选择适合的元素进行整合创作。

四、教学方法

问题式教学。

五、课前准备

学生用素材、微视频等。

六、教学过程

(一)情景导入,引出问题

诗词作为中国人经典的情感表达方式,含蓄而优雅。中国诗词核心的追求就是美，今天我们一起用技术再现赞美春天的诗词之美。

诗词之美主要有画面美、声音美、意象美、意境美、情感美等。

（二）分析问题，作品规划

1. 明确任务

根据对诗词的理解，小组成员讨论确定用什么软件制作？选哪首古诗进行诗词美的创作？老师准备了《绝句》《咏柳》《村居》《春日》几首古诗，其相应的素材在电脑桌面的“学生素材”文件夹里，大家可以根据情况自由选择。

2. 作品规划

在制作作品时，不能凭着感觉随意制作，需要先进行规划。脚本设计是一项创意能力与技术、艺术相结合的创造性工作，对作品起指导性作用。

文字脚本：规划作品布局，明确颜色基调、文本、图像、音频、视频等多种对象的呈现方式和呈现顺序。

制作脚本：对每一帧画面的内容进行分镜头设计，包括效果的设置、交互方式等。

根据项目学习记录的内容进行补充完善。

（三）合作探究，创意制作

分小组进行作品创作，把构思付诸实践。

1. 作品的画面美

古诗《春日》描绘了一幅怎样的画面？画面包含哪些元素？为了呈现美好的视觉效果做了哪些加工处理？

（1）色彩美：根据作品内容巧妙搭配颜色。

（2）文字美：通过字体、字号、文字颜色的变化及构图设计来适应背景，提高画面的识别度和美感。

（3）图像美：根据需求对图像进行裁剪、加特效等再编辑，增强画面的表现力。

2. 作品的声音美

音乐可以起到衬托的作用,通过添加合适的背景音乐和音效可以增强作品的感染力。

音乐应该如何添加和设置,以及其作用如何?

3. 诗词的意境美

诗词给读者留下了想象的空间。学生可根据自己的理解,使用软件对文字和图像进行深加工,以增强作品的表现力和感染力,从而表达诗词意境美。

在操作中遇到问题,可参考微视频等学习资料。

(四)总结评价,拓展延伸

1. 展示交流

每小组选一名代表介绍本组的作品,包括使用了什么软件,添加了哪些元素,进行了什么样的效果设置?

2. 评价

相互赏析作品,可以选择自我评价、学生评价和教师评价。评价的标准如下。

(1)画面设计:构图合理,色彩适合作品。

(2)元素处理:文字、图像、音乐等处理合理,呈现协调,满足作品需要。

(3)整体效果:作品给人带来美的享受,能引起情感上的共鸣。

(4)作品创新:灵活运用多种媒体元素表达作品意境。

课例4：引导线动画——环保骑行

一、教学目标

1.知识与技能

（1）了解引导层、被引导层的概念及其作用。

（2）掌握引导线的绘制。

（3）能根据主题需求制作动画。

2.过程与方法

通过实例分析，了解引导线动画创作的要点，根据主题选择动画作品。

3.情感态度与价值观

培养学生创建作品和欣赏作品的能力；通过自主学习和小组合作学习，培养学生自学能力和团队合作精神。

二、教学重点与难点

重点：引导线动画的制作方法。

难点：元件与引导线的成功吸附。

三、课时安排

1课时。

四、教学过程

（一）创设情景，导入新课

课前播放《自行车骑行》Flash动画，激发学生兴趣。

同学们，学校成立了自行车协会，旨在号召大家锻炼身体、环保出行，现征集宣传动画。老师抛砖引玉制作了一段动画，请同学们欣赏，并思考自己该如何制作?

补间动画只能实现直线运动,而骑行是曲线运动,那么该如何制作宣传动画呢?(引出课题)

(二)实例分析,初步制作

通过实例分析,帮助学生初步了解引导线动画制作的方法,为动手制作打下基础。

引导线动画是让场景中的对象沿着一定的路线运动,可通过创建引导层,添加合理的引导线实现动画效果。

1. 基本概念

引导层:图标为,用于放置引导线。

引导线:引导对象沿着不规则的曲线运动。

被引导层:放置对象的图层。

2. 制作要点

创建引导层→在引导层绘制引导线→在被引导层创建动画→按“Enter”键播放动画→按“Ctrl+Enter”组合键测试动画。

3. 任务操作

(1)任务:单人骑行。打开“引导层动画制作”文件夹中的“单人骑行”Flash文件,制作引导线动画,实现对象从左到右沿曲线运动的动画效果。

遇到困难可向同学和老师请教,也可参考课本、导学案、微视频(单人骑行)。

(2)常见问题分析。在制作过程中遇到了哪些问题,是如何解决的?

制作过程中的注意事项如图 3-8 所示。

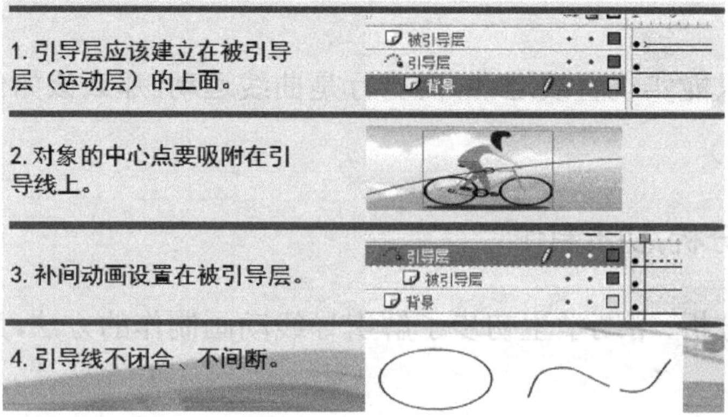

图 3-8 注意事项

4. 小结

（1）引导层一定要在被引导层的上面。

（2）在引导层绘制引导线，引导线要有起点和终点，且起点和终点之间的线条必须是连续的，不能闭合，不能断开。

（3）运动的对象放在被引导层，在被引导层创建动画。

（4）对象的中心点必须吸附在引导线上，为能成功吸附，可使用“对齐对象”工具。

（5）根据老师的指导修改完善作品。

（三）应用迁移，深度制作

任务：特技表演。在修改完善作品的基础上进行“特技表演”动画设置，实现男骑友原地360°旋转的动画效果。

遇到困难可向同学和老师请教，也可参考课本、导学案、微视频（特技表演）。

思考1：如何调整方向，实现更加逼真的效果？

①旋转（无、自动、顺时针、逆时针）。

②调整路径。

思考2：如何控制骑行的速度？

缓动：数值为正，表示运动加快；数值为负，表示运动减慢。

(四)完善作品,巩固提高

综合利用Flash动画技术进行加工创作,并充分发挥想象力,丰富自己的作品,学有余力的同学可添加文字等修饰。

每组展示一个作品,进行师生评价。评价标准如下。

(1)创意思想:主题鲜明,创意独特。

(2)设计效果:画面构图合理,配色良好,动画适当,播放流畅。

(3)设计技术:使用图层、帧及元件进行正确的动画设置。

(五)师生小结,构建知识

知识点梳理,如图3-9所示。

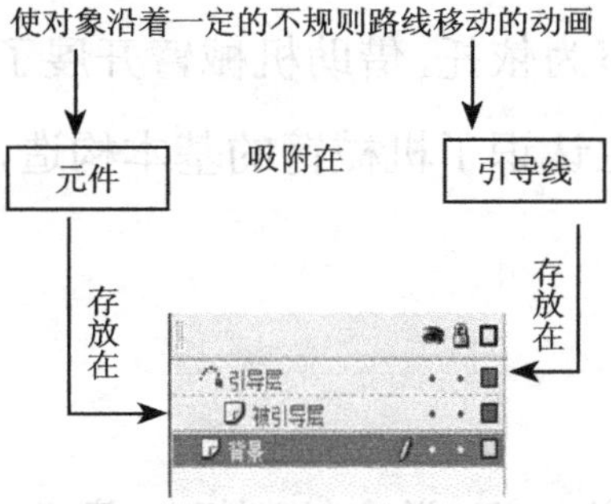

图3-9　知识点梳理

制作引导线动画口诀:引导线动画是一种特殊的动作补间动画,引导层用于放置引导线,对象中心点吸附在引导线两端,补间动画设置在被引导层。

同学们,现实生活中事物的运动轨迹各式各样,鸟儿自由飞翔,鱼儿畅快遨游……让我们走进大自然,展开想象的翅膀,自由创作,让动画丰富我们的学习和生活。

课例 5：Python 编程与机械臂运动

海曲中学　王冰

一、案例背景

当前，科学技术已经成为国际竞争的关键要素和推动经济社会发展的主要因素，在中小学开展人工智能教育是时代发展的要求，更是学生个性化成长的要求。

南湖中学于 2021 年建设了人工智能实验室，配备 15 台机械臂与相关计算机设备，以人工智能实验室为依托，借助机械臂开展了相关的人工智能课程。在课程开展的初始阶段，学生认识了机械臂的基本构造，了解了人工智能的基本概念与机器人的相关知识。

二、教学目标

（1）了解机器人的相关知识，学会控制机械臂运动。

（2）通过编写程序控制机械臂运动，熟悉机械臂相关控制语句，掌握吸盘、手爪等控制参数。

（3）激发学生探究机械臂、机器人的兴趣。

三、教学重点与难点

教学重点：掌握 Python 编程的基本语法结构。

教学难点：运用机械臂相关控制语句。

四、教学方法

（1）采用微项目教学法，分任务进行探究。

(2)采用小组合作教学法,分小组合作学习。

五、教学过程

(一)情景导入

(1)播放机器人相关视频。

(2)提出问题。机械臂有哪些特点?它能够完成哪些工作?

(3)学生自由讨论、交流,各抒己见。

(4)介绍机械臂。机械臂作为关节机器人的一种,它的功能非常强大。在工业领域,它可以完成产品装配、货物搬运、快递分拣、激光雕刻等许多工作。

(5)导入新课。本节课借助实验室的机械臂设备,练习编写程序模拟机械臂的智能搬运过程。

(6)介绍机械臂的末端工具。实验室配备的机械臂共有三种末端工具,分别是吸盘、手爪和夹笔器。

(二)制定实施方案

各小组根据探究内容制定实施方案。

(三)实践研究阶段

任务一:使用吸盘将A点货物搬运至仓库B。

读取A点和仓库B的坐标,在A点吸取物块(吸盘状态为吸取),执行机械臂点到点指令,将物块移动至仓库B,释放物块(吸盘状态为释放)。

任务二:使用手爪将A点货物搬运至仓库B。

读取A点和仓库B的坐标,在A点抓取物块(手爪状态为抓取),执行机械臂点到点指令,将物块移动至仓库B,释放物块(手爪状态为释放)。

任务三:实现多个货物智能搬运。

学生任意选择吸盘或手爪进行多个货物智能搬运。

重复任务一或任务二的操作。

（四）总结提升

学生分组总结、交流操作过程中遇到的问题，分享本节课的收获。

教师通过程序流程图展示机械臂的运动过程与末端工具的状态，进一步明确程序的执行过程。

六、于云霞点评

本节课将Python编程与机械臂运动相结合，激发了学生学习的兴趣。在学习过程中，通过控制机械臂运动，学生初步感受了人工智能的魅力。

课例6:“幼儿防走失系统”——小区安全防护盾

日照市新营中学　牟芳萍

一、教学目标

1. 知识与技能

(1)学会分析问题,掌握项目的实现过程。

(2)理解人工智能的含义。

(3)理解图像识别技术、语音识别技术、大数据技术。

(4)使用Python编程语言控制机械臂、语音识别器、传感器、摄像头等,完成“幼儿防走失系统”。

2. 过程与方法

通过实现一个具体的项目,激发学生的好奇心和学习Python编程语言的兴趣;通过软硬件结合的方式锻炼学生的实践能力;学生通过分组探究,学会协作学习。

3. 情感态度与价值观念

(1)通过实现“幼儿防走失系统”,培养学生解决实际问题的能力,达到学以致用的目的。

(2)培养学生乐于助人、热爱生活的品质;

(3)培养学生创新的能力;

(4)培养学生探究、协作的能力;

(5)培养学生实践的能力。

二、教学重点

项目的分析过程、抽象建模过程以及算法设计过程，软件硬件结合实现项目的过程。

三、教学难点

用 Python 编写程序、传感器设备的使用。

四、教学方法

采用项目学习法，通过任务驱动的方式促进小组协作、探究。

五、教学准备

PPT 课件、传感器设备、DobotLab 平台、导学案。

六、教学过程

小区安全防护盾教学过程如表 3-1 所示。

表 3-1　小区安全防护盾教学过程

教学过程	教师活动	学生活动	设计目的
项目导入	播放人贩子拐卖儿童视频，并思考下列问题。 （1）多少同学家里有弟弟、妹妹？ （2）看了这个视频有什么感受？ （3）怎么避免这种悲剧的发生？ 引出课题：“幼儿防走失系统”——小区安全防护盾	观看视频； 听了老师的导入后急切地想实现这个系统	让学生自己实现这个项目，引发学生的好奇心，调动其积极性，使其带着问题听课，从而达到学以致用的目的
项目分析	请学生思考这个系统应该怎么做？ 总结出一般项目实现的过程： （1）问题分析； （2）抽象模型； （3）算法设计； （4）编程实现	学生从分析问题、解决问题、编写程序、使用技术、使用设备等方面展开讨论	以学生为主体，让学生明确一般项目的实现过程

续表

<table>
<tr><th>教学过程</th><th>教师活动</th><th>学生活动</th><th>设计目的</th></tr>
<tr><td>问题分析</td><td>请开启一场“头脑风暴”,讨论以下三个问题。
(1)待解决问题。
如何防止小朋友在小区里丢失?
第一种情况:小朋友自己跑出去了。
第二种情况:陌生人抱小朋友离开小区。
(2)解决方案。
什么情况下,小朋友才能出小区?
<table>
<tr><th>项目功能</th><th>小区安全防护:幼儿防走失</th><th>通行情况</th></tr>
<tr><td>情景1</td><td>小朋友独自外出</td><td>禁止通行,发出警报</td></tr>
<tr><td>情景2</td><td>小朋友+大人,无亲子关系</td><td>禁止通行,发出警报</td></tr>
<tr><td>情景3</td><td>小朋友+大人,有亲子关系</td><td>允许通行</td></tr>
</table>
(3)技术支持。
①通过什么技术能够识别一个人是“小朋友”还是“大人”?
人工智能——人脸识别技术:检测人脸。
人工智能——语音识别技术:发送语音指令。
②如何判断“小朋友”和“大人”是否具有亲子关系?
大数据——数据匹配技术:判断小朋友和大人是否有亲子关系。</td><td>通过小组讨论、观看动画、填写表格等方式回答问题</td><td>让学生学会分析问题,明确本节课的学习目的;
让学生思考怎样实现这些功能,以及要用到的设备和技术</td></tr>
<tr><td>抽象建模</td><td>师生互动。
(1)语音识别及其过程。
(2)人脸识别及其过程。
(3)大数据及数据库匹配过程。
提问下列问题。
(1)什么是大数据?
(2)什么是数据库?
(3)数据库里的数据存在什么关系?
以小组为单位,“连连看”。
<table>
<tr><th>模型</th><th>设备</th><th>技术</th></tr>
<tr><td>识别人脸</td><td>摄像头</td><td>人脸识别</td></tr>
<tr><td>判断亲子关系</td><td>数据库</td><td>大数据</td></tr>
<tr><td>识别声音</td><td>语音设备器</td><td>语音识别</td></tr>
</table></td><td>小组成员观看导学案,交流讨论,举手回答问题</td><td>发挥学生集体探究的精神,鼓励学生勤于思考</td></tr>
<tr><td>算法设计</td><td>教师引导。
(1)讲解硬件设备。
(2)详细解说项目操作步骤。
师生互动:条件语句的关键字是什么?</td><td>while 关键字、if 关键字、else 关键字</td><td>回顾所学知识,为编程做准备</td></tr>
</table>

续表

教学过程	教师活动	学生活动	设计目的
编程实现	学生操作（分两节课实现）。 Part1：注册人脸信息。 （1）传感器等硬件连接； （2）DobotLab 平台操作步骤； （3）导入代码“人脸信息注册 .py”，分小组扮演角色注册人脸信息。 Part2：项目系统实现。 （1）导入代码“幼儿防走失系统 .py”； （2）分析代码流程； （3）学生运行实现项目。 学有余力的小组进行如下思考。 这个项目有什么可以改进的地方？设计一个解决方案。	小组成员查看导学案。 （1）查看语音识别器、摄像头、光电传感器等硬件连接步骤； （2）查看 DobotLab 平台操作步骤； （3）导入、分析代码； （4）运行代码。 学生展示作品，讲解技术难题	培养学生小组合作意识、自主探究能力、发现问题、解决问题的能力
交流分享	通过刚才的操作，我们已经完成了“幼儿防走失系统”的搭建，接下来请每个小组分享成果	展示作品、学生互评	分享收获的喜悦
小结	总结出本节课的知识点	学生交流收获	巩固本节内容

七、于云霞点评

本节课的设计符合学生的学习特点，首先针对社会关注的问题，通过思考引入课题。其次针对不同的专题设计不同的问题，整个教学过程让学生在教师环环相扣的问题中通过自主学习、主动发现和协作探究来寻求解决问题的方法，培养学生“在探索中学习”的学习方式。在探究的过程中，充分展现学生的合作与交流意识，培养学生相互协作、大胆探索的精神，提高学生的动手实践能力。在课堂点评环节学生自评、学生互评与教师点评相结合，使学生在点评中反思、提高。

课例 7：垃圾分类新时尚——Python 用选择结构做出判断

日照山海天旅游度假区青岛路中学　陈聪聪

一、项目整体认知

选题意义:感受编程技术与人工智能技术对生活的影响。

核心问题:如何利用人工智能技术更好地帮助师生进行校园垃圾分类,特别是常态化疫情防控下的校园垃圾分类。

核心任务:利用人工智能技术和编程技术帮助师生更高效地进行垃圾分类,维护校园环境。综合运用所学知识,通过简单的 Python 编程、人工智能技术实现选择结构模拟,进而通过图像识别或者语音识别技术实现智能垃圾分类,以提高校园垃圾分类的效率。

二、教学目标

了解人工智能常用技术:图像识别技术、语音识别技术的简单原理;在图像识别的应用中注意规避数据采集的隐私性、伦理性问题;理解模式识别的特征、原理、分类等;能运用工具实现简单版的“垃圾种类识别”分类器;掌握 Python 程序设计的基本知识,利用三大程序结构设计并实现垃圾知识查询程序。

三、教学重点

了解图像识别技术、语音识别技术的简单原理;能运用工具实现简单版“垃圾种类识别”分类器;掌握 Python 程序设计的基本知识,利用三大结构设计并实现垃圾知识查询程序。

四、教学难点

理解模式识别的特征、理论、分类等；通过教师引导和自学设计更多类别的分类器，并将其用在“垃圾分类”程序中。

五、调查分析和活动体验（课前线上自动推送调研作业）

以垃圾分类为例，通过问卷调查系统带领学生完成数据的收集、分析、处理等一系列过程。

需要了解有关城镇居民家庭（以班级同学家庭为样本）垃圾分类的情况？和同桌讨论交流，提出你最想了解的问题。注意问题的科学性、实用性和可行性。

调查统计、分析数据并得出结论。

（1）各组选出一个最具有代表性的问题组合成综合问卷。

（2）各组组长对本组问题进行现场统计，各组统计员汇报数据，记录员填写数据并生成扇形统计图。

（3）提出问题：从调查数据中你发现了什么问题？（问卷调查的信度和效度、信息采集过程中的数据隐私等）分析结果并得出结论。

（4）结合实际，引发思考。如果采取线上调查的方式（如问卷星），是否注意到保护用户隐私等问题？

（一）学科核心素养

（1）信息意识：能够根据“项目”和“任务”，主动寻找解决问题的方法，比较不同方法的时间和空间效率。

（2）计算思维：能够将问题抽象化，设计问题解决的具体方案，并学会将方法迁移到其他相似问题的解决中。

（3）数字化学习与创新：借助数字化的学习环境，帮助学生体验数字化学习与创新活动，指导学生使用数字化工具。

（4）信息社会责任：在自主探究的过程中，可能会遇到涉及法律、伦理以及道德等方面的问题，引导学生自觉遵守相关的法律法规和道德规范。

(二)垃圾分类知多少

垃圾分类是指按一定规定或标准将垃圾分类储存、分类投放和分类搬运，从而转变成公共资源的一系列活动的总称。垃圾分类的目的是提高垃圾的资源价值和经济价值，力争物尽其用。

垃圾在分类储存阶段属于公众的私有品，经公众分类投放后成为公众所在小区或社区的区域性准公共资源，被分类搬运到垃圾集中点或转运站后成为没有排除性的公共资源。从国内外各城市对生活垃圾分类的方法来看，大多是根据垃圾的成分、产生量，结合本地垃圾的资源利用和处理方式等来进行分类的。

进行垃圾分类收集可以减少垃圾处理量和处理设备，降低处理成本，减少土地资源的消耗，具有社会、经济、生态等几方面的效益。

我们现在采用“四分法”对生活垃圾进行分类分流。“四分法”指将生活垃圾分成可回收物、厨余垃圾、有害垃圾和其他垃圾，如图 3-10 所示。

图 3-10　垃圾分类“四分法”

(三)知识引导

（1）讲解什么是图像识别。从人类识别的过程引出图像识别的概念，图像识别是借助计算机技术对图像做出各种分析、处理，最终识别我们所要研究的对象。

（2）计算机识别图片的简单原理（经验回顾 + 工具体验）。抛出问题“计算机如何识别图片？”第一环节（经验回顾）引导学生分析如何识别手机电池，总结人类的识别流程，引出特征和规则。第二环节（工具体验）组织学生体验Teachable Machine，教会机器识别废纸、塑料瓶等。整个过程分为图片录入、教和识别过程，引出数据、训练和预测的概念。通过对比流程图总结计算机识别图片和人类识别图片的相似处。

（3）讲解分类模型的工作原理。判断一个事物的类型的过程被称为分类。分类模型就是机器经过计算总结出来的特征和规则，类似人类学习到的知识，有二分类模型和多分类模型。通过训练和识别流程图讲解分类器的工作原理；通过伪代码展示计算机是通过程序完成一系列操作的。

（4）讲解准确率概念。准确率是衡量分类模型效果优劣的指标。讲解完二类分类模型的准确率如何计算后，引导学生自己计算三类分类模型的准确率。最后引出影响准确率的三要素：特征、算法、数据。

六、设计与制作

（一）智慧垃圾分类初体验（基于 Python 选择结构）

活动一：利用 if-else 双分支结构，初判是不是有害垃圾

打开“活动一垃圾分类 .py”程序，在程序中空格处填入合适的条件表达式。（参考双分支结构）

双分支结构：
if　条件：　　　#如果条件为真 　语句系列 1　　#注意要缩进！ else：　　　　#否则 　语句系列 2　#注意要缩进！

```
rabish="废灯管，过期药品，废电池，杀虫剂，油漆桶"
message = input("请输入垃圾名称：")
if　message in rabish：
print("有害垃圾")
#__________(请把 # 删除并在此行补充完整程序)
print("请继续判断是否可再生循环")
```

活动二：利用 if-elif 多分支结构，进行垃圾分类

打开"活动二垃圾分类 .py"程序，在程序中空格处填入合适的条件表达式。（参考多分支结构）

多分支结构：

```
if　条件 1：　　　　# 如果条件 1 为真
  语句系列 1　　　　　# 注意要缩进！
elif　条件 2：　　　# 否则如果条件 2 为真
  语句系列 2　　　　　# 注意要缩进！
elif　条件 3：　　　# 否则如果条件 3 为真
  语句系列 3　　　　　# 注意要缩进！
…………
else：　　　　　　　# 否则
  语句系列 n　　　　　# 注意要缩进！
```

```
rabish1="臭鸡蛋，菜叶，变质牛奶，瓜子壳"
rabish2="渣土，纸巾，尘土废弃物，食品袋"
rabish3="报纸，图书，办公用纸，纸盒"
rabish4="废灯管，过期药品，废电池，杀虫剂，油漆桶"
message = input("请输入垃圾名称：")
if　message in rabish1：
   print("湿垃圾")
```

```
____________message in rabish2：
        print（“干垃圾”）
    elif message in rabish3：
        print（“可回收物”）
    elif message in rabish4：
        print（“有害垃圾”）
```

拓展活动：测试程序，发现缺点，调试完善程序

当输入的“垃圾”不属于 rabish1~4 时，程序会出现什么问题？请输入以下数据测试程序，打开“拓展活动垃圾分类 .py”程序进行修改、完善。

```
mystr = str（input（“请输入垃圾名称：”））
if  mystr in（‘臭鸡蛋’，‘菜叶’，‘变质牛奶’，‘瓜子壳’）：
        print（“湿垃圾”）
elif mystr in（‘渣土’，‘纸巾’，‘尘土废弃物’，‘食品袋’）：
        print（“干垃圾”）
elif mystr in（‘报纸’，‘图书’，‘办公用纸’，‘纸盒’）：
        print（“可回收物”）
elif mystr in（‘废灯管’，‘过期药品’，‘废电池’，‘杀虫剂’，‘油漆桶’）：
        print（“有害垃圾”）
____________：
        print（“你是什么垃圾?”）
```

（二）干湿垃圾智慧分类 DIY

1. 湿度检测系统

（1）传感器适用于湿度检测。

（2）模块中的电位器用于湿度的阈值调节，顺时针调节湿度值变大，逆时针调节温度值变小。

（3）输出的数值与 Arduino 开源电子平台相连，当温度值小于指定阈值时输出高电平,大于指定阈值时输出低电平,由此来检测湿度。

2. 操作提示

(1)使用材料搭建垃圾自动分类模型。

(2)每个小组根据需要完成 1~2 张垃圾自动分离 DIY 记录表。

思考:怎样查看传感器的数值大小?

提示:CommMonitor 串口监视。

七、展示与评价

一个完整的校园智慧垃圾分类项目,从场地的选定到信息模块的制作与建立,再到自动控制系统的设计与组装,每一步都是紧密相连的。各组在设计与制作时,一定经历了或有趣或困惑或艰辛的过程,当然也有收获。现在,请各小组进行总结然后分享在实践过程中的新收获、新发现以及经验教训。

八、拓展与应用

在该项目的基础上引出更多的延伸和拓展问题,引导学生将研究成果广泛地应用到生活中。在教学过程中,我们也尽可能地还原背景与问题,同时采用多元的评价方式,营造开放、轻松的评价氛围。根据课标和学生的实际情况对授课内容进行调整,若学生没有 Python 基础,则应先深入浅出地为学生介绍原理及相关概念,然后鼓励学生运用所学知识解决实际问题,为后续课程的实践做铺垫。本课内容没有止步于体验,而是从原理和底层概念出发,对学生提出了更高的要求。利用有效的工具和丰富的素材,通过合理的课堂活动,学生可以自然习得知识。该课程符合初中生的认知和初中课程的设置要求,使学生对人工智能有了进一步的了解。

九、于云霞点评

本节课以新课改的精神为依据,以培养学生的分析问题和解决问题能力为宗旨,以教师为主导,充分发挥学生的主体地位,调动学生的积极性,引导学生自主探究、合作学习。教师通过安排层级鲜明、逐级递进的学习任务，让学生在解决问题的过程中探索知识、获得知识、应用知识。教师在教学过程中注重新授知识与学生已有的基础知识之间的关联性，培养学生的学习兴趣。从学生的实际操作情况来看，基本任务完成较好，巩固练习对一些学生来讲有点困难，拓展任务只有一小部分学生能够完成，因此任务设计是合理的。但也存在不足，如虽然强调小组合作完成任务，但在课上学生组内合作没有充分体现，需要增强学生互助互学的意识，提高课堂任务的完成率。

课例 8：语音识别——智慧餐饮

日照市北京路中学　赵春华

一、学生分析

随着人工智能技术的发展，越来越多的智能机器人走进人们的生活。大部分学生在日常的生活、学习中，或多或少地接触过一些智能机器人，对机器人并不陌生。但是本课的教学对象是初一年级的学生，受年龄、生活经验等方面的限制，大部分学生在人工智能方面的知识储备很少，对人工智能相关的技术原理也不是很理解。所以课程开始时有必要对语音识别的技术原理做一些讲解，但是纯理论讲解对初一年级的学生来说显得枯燥无味。本节课准备采用软硬件相结合的方式开展相关教学，通过对实际案例的分析，增进学生对人工智能的了解，培养学生的计算思维、问题解决能力、动手实践能力和创新应用能力等。

二、教材内容分析

本节课使用的教材是华东师范大学出版社出版的《人工智能入门（一）》。本节课的内容是该教材第 3 章“语音处理技术”中的第 2 节“语音识别”，课时为一个学时。其中，语音识别原理、语音特征的提取、声学模型、语言模型是本节课的重点也是难点。目前语音识别技术在智能家居、智能车载、智能客服机器人等方面有广泛的应用，未来将会深入应用于学习、生活、工作等各个方面。通过本节课的学习，学生在了解语音识别技术原理的同时，基于软硬件结合，练习程序编写，利用语音控制机器人抓取物品。本节课能够让学生直观地感受语音识别技术在实际生活中的应用，使其对语音识别技术产生兴趣，从而更好地理解和掌握语音识别技术原理。

三、教学目标

1. 增强信息意识

学生能够理解语音识别的概念，了解语音识别的一般过程；学生在了解语音识别的实际应用的同时，能通过编制程序实现机器人控制，完成一定的任务要求。

2. 提高计算思维

学生通过项目体验，在一定程度上理解什么是语音识别技术，并通过类比人类语音识别的一般过程，掌握机器语音识别的实现过程；学生通过计算机对问题进行抽象、分解、建模，并通过编程形成解决问题的方案，在多次尝试验证中形成最优方案，进而提高计算思维。

3. 强化数字化学习与创新

学生通过课程学习和观察身边的生活实例，感受语音识别技术给学习和生活带来的极大便利；学生通过自行设计智能售货机，进一步理解语音识别的应用，感受语音识别技术的魅力。学生通过项目体验，能够根据学习需要自主开展探究性学习，创造性地解决问题，激发创新创造活力，培养积极主动运用信息技术高效解决问题的能力。

4. 增强社会责任感

学生通过项目体验，在理解科技能够给人们的学习、生活和工作带来便利的同时，也能够意识到自主创新对国家发展的重要性。

四、教学重点与难点

教学重点：语音识别技术的原理及应用；语音特征的提取、声学模型、语言模型。

教学难点：语音特征的提取、声学模型、语言模型。

五、教学理念与教学方法

坚持“以学生为主体,教师为主导”的原则,以培养和提高学生的计算思维和动手操作能力为宗旨,关注全体学生,并鼓励学生进行创新设计。上课前全面分析学生情况、认真钻研教材、精心设计教学活动。课堂教学以多种教学方法相结合的方式展开,首先以项目任务的方式提出问题引起学生的学习兴趣和明确学习的目标,其次教师进行课堂讲解,注意适当提出问题让学生进行思考,并引导学生以小组协助探讨学习的方式开展学习。本节课采取软硬件相结合的方式展开教学,学生们在学中做,在做中学,进一步培养了学生的编程能力和创造性思维。

六、教学媒体

(1)人工智能网络教室。

(2)投影仪。

七、教学过程

语音识别教学过程如表 3-2 所示。

表 3-2　语音识别教学过程

教学环节	教师活动	学生活动	设计意图
播放视频,通过提出问题导入新课	随着人工智能技术的发展,越来越多的机器人走进我们的生活,下面请同学们观看一个视频,进一步了解智能机器人。(播放机器人视频) 同学们,你在哪里见过语音识别的应用? 目前语音识别技术在智能家居、智能车载、智能客服机器人等方面有广泛的应用,未来将会深入应用于学习、生活、工作等多个方面。 机器人是怎么识别我们人类声音的?接下来我们一起了解一下语音识别技术。 什么是语音识别技术? 语音识别技术是指将语音自动转换为相应的文字或命令的过程。不同于其他的语音处理技术,语音识别技术注重对语音内容的识别和理解	观看视频,回答问题	通过观看视频和举例,初步了解语音识别技术

续表

教学环节	教师活动	学生活动	设计意图
讲授新课	（1）语音识别的过程：通过数模转化得到一个数字声音信号，对该声音信号进行预处理和特征提取，将提取到的特征在声学模型中进行模式匹配得到音素序列，在语言模型中查找与该音素序列匹配概率最高的文本，输出识别结果流程图如下所示。 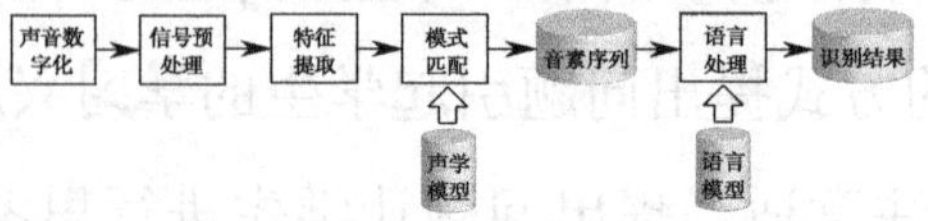 （2）语音识别原理。 ①声音数字化是指对连续变化的模拟声音信号经过采样、量化、编码等处理后，形成的二进制数字脉冲序列。 ②信号预处理是指对语音信号进行降噪、消除杂音等处理后得到一个比较干净的语音信号。 ③特征提取就是每隔一定时间把声音的音调、音长等特征提取出来的过程。 ④模式匹配就是将提取出来的特征在声学模型中进行比对，得到一组音素序列。音素是根据语音的自然规律划分出的最小语音单位。例如“国家”这个词语包含“g、uo、j、i、a”这些音素。把音素按照语言规律组合起来，就是每个字的发音。 声学模型：通过采集成千上万个人的发音样本，提取每个单词所包含音素的发音特征，形成声学模型。由于普通话和地方方言的发音特征不同，因此根据样本的语言，可形成不同的声学模型。同一发音在不同模型中识别的效果是不一样的。 ⑤语音处理是指根据匹配到的音素序列，在语言模型中找到与该音素序列匹配概率最高的文本并输出识别结果。 语言模型：对搜集到的海量语句进行分析统计，获得词语之间搭配的概率关系，从而形成语言模型	了解及掌握	通过教师讲解了解语音识别的过程和原理
项目任务体验	项目一　语音识别初体验 现在我们对语音识别技术已经有了一定的了解，接下来就让我们通过一个小程序来体验一下吧。请学生们打开“语音识别初体验”小程序。 这个小程序只是语音识别体验的第一步，接下来利用语音控制机械臂抓取可乐	利用平台自行操作机械臂，进行语音识别体验	认真完成任务，可互相协作； 教师引导学生思考，讨论人工点餐和语音点餐的异同点
	项目二　有选择地抓取物品 利用语音控制机械臂从多种饮料中抓取物品，可以用 if-elif 语句来实现，在此过程中可以巧用复制、粘贴代码的方法，加快编程速度。这样我们只需要更改位置参数，在修改位置参数时注意机械臂的活动范围，不要超出限制范围，可以坐标定位，也可以手动控制	学生自行操作	教师发布体验项目任务，引导学生设计任务方案的内容，并落实到实际编程中

续表

教学环节	教师活动	学生活动	设计意图
项目任务体验	项目三　利用今天所学知识，自行设计一台智能售货机	学生自行设计和体验	认真完成任务，加深对相关知识的理解
课堂小结	首先我们学习了语音识别技术的原理，其次体验了利用语音控制机械臂为我们抓取物品，最后利用今天所学的知识自行设计了一台智能售货机。科技改变生活，共同祝愿我们的生活越来越美好	提问回答	通过提问方式进行总结
板书	语音识别的过程，语音识别的原理	——	——

八、于云霞点评

本节课通过软硬件相结合的教学方式，让学生在做中体验，感受语音识别技术的魅力，符合学科课程标准、教材要求以及学生年龄特点和认知规律。本节课知识结构合理，重点难点突出，引导学生主动合作学习和发现事物的性质及变化规律，培养学生积极思考、大胆探索的习惯，提高学生从实际操作中发现问题、处理问题的能力。课程培养了学生的计算思维，可以让学生更好地融入人工智能时代，以及利用语音识别技术为我们的生活更好地服务。

课例9：疫情防控下校园防控智能助手——基于AI人脸识别的抗“疫”作品设计开发

日照山海天旅游度假区青岛路中学 陈聪聪

一、开发背景

我国在疫情防控上未曾松懈，除了最基本的人工消毒、人工测温之外，基于快捷、高效的需求，也推出了许多智能防疫配套设施。该项目基于疫情防控大背景，从真实的问题出发，进行防疫智能化配套设施的设计。比如疫情散点暴发后，学校除了开展正常的教学活动外，还要做好疫情防控工作，确保师生的安全。教师和工作人员在无形中增加了很多教学之外的工作量，如入校前的体温检测、佩戴口罩检查等。针对这种现象，我们启发学生思考，在某些环节上是否可以做到智能化，减少人力成本，提高效率。

针对青岛路中学的实际情况，所有入校人员必须佩戴口罩，但每天都有学生或教师忘记佩戴口罩，往往需要专人引路，到指定地点登记，领取口罩，造成了不必要的麻烦。我们思考，是否可以带领学生进行一场头脑风暴，在学生已掌握的信息技术相关知识和生活经验的基础上，进行人工智能相关技术的渗透，使其发现身边的现象，并寻找可行的解决方案。

二、教学目标

（1）领会“人工智能”防疫设施在防疫过程中所起到的重要作用。

（2）利用所学知识和现代科技手段设计合理的具有防疫检测功能的防疫配套设施。

（3）注重人工智能防疫设施的功能与生活需求的有机结合，且兼顾美观性和便利性。

（4）学生能够通过查找网络资料，筛选、整理后获取关键信息，将学科知识联系生活，提升多维思维能力和对现代化技术操作能力。

三、课前准备

学生在日常生活中已对“人脸识别”应用有了一定的接触与了解，但对其原理和如何在编程中利用人工智能模块实现任务，还不清楚。

学生可实现简单的机器人搭建，但在根据实际情景搭建满足要求的机器人方面，还需进一步学习。人脸识别技术相关知识和原理如图 3-11 和图 3-12 所示。

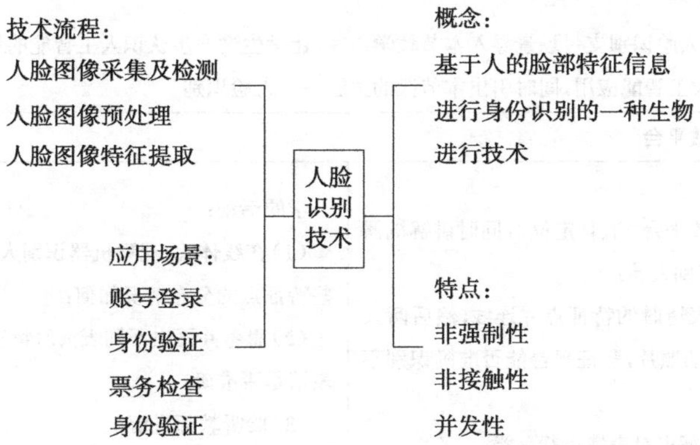

图 3-11　人脸识别技术相关知识

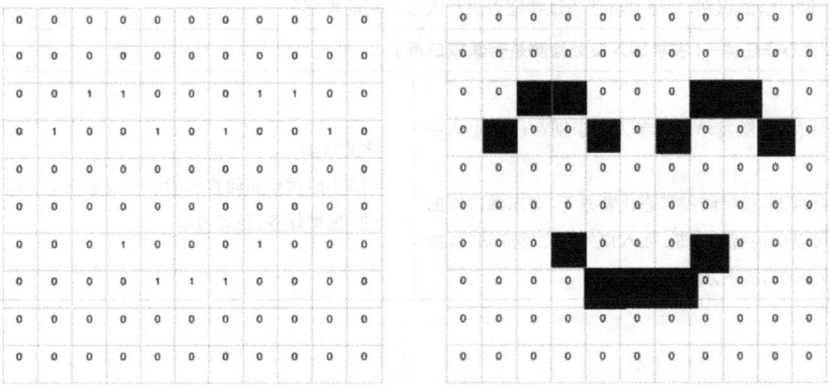

图 3-12　人脸识别技术原理

四、教学过程

基于AI人脸识别的抗“疫”作品设计开发教学过程如表3-3所示。

表3-3　基于AI人脸识别的抗“疫”作品设计开发教学过程

环节一:情景导入	
教的活动: 疫情防控常态化背景下,每天入校人员都须佩戴口罩,但总有人忘记戴口罩,这给学校管理增加很多麻烦,我们能帮学校解决这个难题吗? (1)播放超市人脸识别支付的视频。 (2)抛出问题:视频中机器的作用?你使用过类似的机器吗	学的活动: 小组讨论,交流想法。 (1)积极思考,讨论人脸识别技术在生活中的应用; (2)了解本节课的学习目标
设计意图: (1)以学生最熟悉的超市人脸识别支付场景导入本节教学内容,让学生进一步认识人工智能的优势,激发学习兴趣; (2)承上启下,简要回顾人工智能应用,同时引出本节课的主题——人脸识别	
环节二:体验在线AI开放平台	
教的活动: (1)组织学生体验AI开放平台“五官定位”,同时讲解机器如何通过特征点来描述并识别人脸; (2)组织学生绘制不同表情时的特征点并连线,然后两人一组拍摄开心、悲伤和吃惊的照片,验证平台能否准确识别不同表情; (3)讲解机器如何通过特征点对表情进行分类	学的活动: (1)在线体验,观察机器识别人脸时使用了哪些特征点,这些特征点的分布情况如何; (2)思考并画出不同表情时特征点连线的变化,体验识别表情是否准确; (3)聆听教师讲解
设计意图: (1)通过在线体验和教师讲解,让学生了解机器如何通过特征点描述并识别人脸; (2)通过对不同表情的识别,加深对机器通过特征点进行人脸识别的理解	
环节三:挑战核心子任务一(在校园入口处检测是否佩戴口罩)	
教的活动: (1)基于在线体验,激发学生思考人脸识别在校园生活中有哪些应用? (2)引出实际问题,疫情防控常态化背景下,对未戴口罩的入校人员是否可以实现智能判断,如入口处设立感应闸门,如果未戴口罩,触发闸门放下,禁止入内	学的活动: (1)小组讨论如何将人脸识别技术应用于校园中。 (2)根据任务,设计方案

续表

<table>
<tr><td colspan="2">设计意图：
（1）启发学生从身边发现人脸识别的设计点和实现的可能性，引出核心任务。
（2）通过在线编程工具体验人脸识别模型训练，并实现口罩佩戴智能识别

</td></tr>
<tr><td colspan="2">环节四：核心子任务二（巡逻机器人引路）</td></tr>
<tr><td>教的活动：
（1）疫情防控常态化背景下，学校为未戴口罩的入校人员提供免费口罩，但需到指定地点登记领取，智能引路员负责将未戴口罩人员带到指定地点，并自动原路返回。
（2）播放视频——巡逻机器人在边境执行任务，请学生观看后思考，机器人为什么能沿着地图上的黑线行走</td><td>学的活动：
（1）聆听问题，积极思考；
（2）观看视频，思考巡逻机器人的工作过程</td></tr>
<tr><td colspan="2">设计意图：创设情景，引起学生思考，激发学生好奇心</td></tr>
<tr><td colspan="2">环节五：认识巡线传感器</td></tr>
<tr><td>教的活动：
（1）提供导学资料，先让学生自主学习。
（2）重点讲解用巡线传感器辨别黑色和白色的方法</td><td>学的活动：
（1）自主学习，了解巡线传感器的工作原理和使用方法；
（2）认真听老师讲解，思考如何利用传感器实现巡线</td></tr>
<tr><td colspan="2">设计意图：
掌握巡线传感器的工作原理和使用方法，为后面的编程奠定基础</td></tr>
<tr><td colspan="2">环节六：搭建巡线机器人</td></tr>
<tr><td>教的活动：
（1）引导学生重温机器人的物理架构；
（2）展示机器人搭建步骤，讲解搭建注意事项</td><td>学的活动：
（1）重温之前学过的机器人搭建的框架结构；
（2）参考老师提供的导学资料，小组合作搭建巡逻机器人</td></tr>
<tr><td colspan="2">设计意图：
由于学生有搭建基础，教师在本环节主要提供辅助资料，由学生合作完成</td></tr>
<tr><td colspan="2">环节七：设计方案，编写程序，测试</td></tr>
<tr><td>教的活动：
（1）讲解编程环境，重点介绍“按时巡线”“路口巡线”“转弯”模块
（2）帮助学生解决在编程过程中出现的问题</td><td>学的活动：
（1）设计程序流程；
（2）编写程序，场地的环境采集和走线</td></tr>
<tr><td colspan="2">设计意图：
学生能认真理解任务要求，参考教师提示编写程序，并调试机器人，实现巡线</td></tr>
</table>

五、于云霞点评

本课程涉及生命科学和工程技术、信息技术、科技伦理等领域，具有综合性、跨学科等特点，具有相当强的知识性和趣味性。通过本课程的学习，学生将体验一个人工智能设计师的工作过程。课程将战“疫”主题思政和人工智能专业知识有机融合，贴近生活，基于自身专业知识来分析问题和创新创造，激发学生学习的兴趣和深入思考探讨的欲望。科技创新和科学普及是实现创新发展的两翼，没有全民科学素养的普遍提高，就难以培养起高素质的创新大军，难以实现科技成果的快速转化。本课程的设计过程，能让学生深入理解抗“疫”背景下中国的大国担当和民族精神，激发学生的爱国情怀，同时塑造学生正确的价值观。

注重项目内涵性，强调可操作性。该项目高度符合 STEM 要素，能够激发学生的兴趣和探究精神且符合教育发展趋势，增强学生的参与性，提高学生的创新思维和动手操作能力。

加强探究式学习，突破教学难点。通过自主探究和合作学习的方式，学生在动手的过程中提高了科学实践与工程实践能力，在动脑的过程中学会了解决问题。

注重师生参与性，促进共同学习。课程打破简单传授的观念，教师积极参与学生的项目探究实践，成为学生的“伙伴”“参谋”，通过积极、正向的引导发展学生思维，同时还能达到共同学习的效果。

加强评价多样性，提升学生发展。课程重视培养学生自评、互评意识，将评价贯穿教学全过程，多角度、多形式的评价有助于学生发展。

第四辑

品评而鉴己:我的外界评价

媒体报道

日照市教书育人楷模事迹展播（上）

百年大计，教育为本

教育大计，教师为本

立德树人，讲台有万千风采

潜心教学，校园有桃李花开

赓续百年初心，担当育人使命

老师，您辛苦了！

点燃青春育桃李，守望初心赴星辰

——日照市教书育人楷模于云霞事迹

站上了讲台便站成了灯塔，选择了教育便选择了奉献。25 年来，从城市到农村，从东部沿海到西部边疆，于云霞用热爱和执着绘就了自己的教育篇章。她先后获评全国新教育实验先进个人、山东省三八红旗手、山东省优秀援疆干部人才、“日照名师”、日照市教学能手、日照市新教育实验榜样教师、日照市教育系统敬业爱岗共产党员、喀什地区优秀共产党员、东港区优秀教师、东港区师德标兵等荣誉称号。

1. 学而不厌：扎实学识，铸就专业自信

于云霞总说自己和教育有逃不开的缘分。少时的她虽然成绩优异，却从没想过要当老师。中考考上了令人羡慕的铁路系统学校；工作分配时，选择学校的条件是“不教课”。然而不想当老师的她，如今已投身教育 25 载，为教育奉献了自己的青春和智慧。

20 世纪 90 年代，“计算机”被纳入初中课程，而当时这一学科的教师很稀缺。恰巧，于云霞在中专时辅修了计算机专业知识，她便自觉接过了学校的计算机学科教学任务。站上讲台，看见一双双求知的眼睛，于云霞在这一刻找到了内心所爱，并将其作为一生的追求。

从“计算机”到“信息技术”，从中专生到研究生，从心理学“小白”到国家二级心理咨询师，于云霞推着自己往前走。备课、上课、研讨，她乐此不疲；她主动向其他学科教师请教，一有空就拿着小板凳去听课，从其他学科的课堂中找寻灵感；山东省骨干教师高级研修班、名师名校长高级研修班……她珍惜每一次学习的机会。“为有源头活水来”，她逐渐形成了自己的教学风格——“有技有味”，打造“信息技术活力课堂”。

功夫不负有心人，2006年于云霞在日照市初中信息技术优质课比赛中获得一等奖；2007年获山东省优质课评比一等奖；2015年经过基本功和说课比赛的选拔，她讲授的“定格秋之美——图像的表现方式”获全国优质课一等奖，同年，被聘为日照市初中信息技术兼职教研员；2019年4月，山东省教育科学院组织的“送教助研”活动走进滨州，她应邀讲授公开课；2021年她成为山东省初中信息技术特级教师工作坊成员。

“一辈子做教师，一辈子学做教师”。于云霞以学而不厌的谦卑姿态不断地充电，用扎实的学识铸就了自己专业的自信，走出了一条属于自己的教师专业成长之路。

2. 诲人不倦：甘为人梯，助力青年教师成长

“独行快，众行远”。于云霞深知，自己能有今天的成就离不开领导、前辈、同事的帮助和支持。所以在自己有能力帮助年轻人时，她总是不遗余力。

南湖中学在开展“青蓝工程”的过程中，于云霞遇见了对教育行业向往的实习教师，并成为他们的领路人。朱文华、刘淑梅、吕鑫等多名优秀教师在于云霞这个“师父”的指导、帮助下，成为教师队伍中坚定的一员，并逐渐成长为学校和县、市级教学骨干。

“于老师，您要是早来就好了，我们也许会有更好的发展。您来后，我们的教研活动更高效了。”于云霞在农村支教时帮助过的青年教师牟欣说。

“让原本一潭死水的我重燃工作的激情和干劲，帮助、引领我快速成长，找到努力的方向和目标。”这是于云霞在新疆的徒弟陈小芳对她的评价。陈小芳已经成为学校的管理骨干和学科带头人。

2020年8月,于云霞有了一个更广阔的平台——日照于云霞名师工作室。作为工作室主持人的于云霞十分珍惜这个机会,积极为给青年教师搭建平台,形成“课程研讨+研课磨课+课题研究”的教师专业成长模式,前瞻性地引领学科发展。

无论在课堂上还是在青年教师的传帮带工作上,于云霞诲人不倦、耐心细致,扎扎实实地发挥着自己的引领和辐射作用。

3. 当仁不让:全心奉献,促进教育均衡

在25年的从教生涯中,于云霞有三年时光是独特而又意义非凡的。

2013年8月至2014年7月,于云霞开启了自己的第一次支教旅程。走进日照经济开发区实验学校这所农村学校,她才真切感受到教育在区域之间存在的差异。在这一年的时光里,她竭尽所能在信息技术学科教学、学生兴趣培养、微机室的建设和管理等方面提出合理化的建议,推动两校开展了一系列实质性的活动。特别是加强学生对网上阅卷考试的模拟训练,为学生迎战中考打下了良好的基础。

那一年的支教时光,让于云霞有了“到祖国更需要我的地方去,为教育均衡尽自己的绵薄之力”的强烈愿望。

2015年8月至2016年7月,于云霞带着组织的信任和厚望,远离家乡和亲人,开启了援疆支教生活。她任麦盖提县教育局师训电教部副主任,并承担刀郎双语中学信息技术学科的教学工作,参与筹建了麦盖提县教师培训中心。

事业未竟,心怀大爱。2017年2月至2018年7月,带着一份牵挂和不舍,于云霞再次选择援疆。这一次,她担任刀郎双语中学副校长,教学四部党支部书记,全面托管教学四部。教学四部有30个教学班,1 500余名学生,堪比一所学校。她结合实际,确定了“用德育润泽心灵,用文化引领行为”的管理理念。强化人文教育,坚持活动育人,文化育人,规范学生习惯,重视信仰教育;打造本土化的教师队伍,采用“1+X”结对帮扶模式,为当地培养自己的专业教师队伍;重视教学教研，坚持用“研究的态度来工作”，建设高效课堂；强化设施建设，积极争取建设三间录播教室，促进教师专业成长；促进鲁、疆两地交流，协调爱心援助，结对子、认亲戚，开展精准帮扶。经过一年半的努力，教学四部的教育教学工作取得骄人成绩，师生的认同感和幸福感显著提升，成为当地典范。

于云霞深深地爱着新疆这片土地和这里可爱的孩子们，在这里也留下了她和孩子们一个一个动人的故事。孩子们是于云霞最深的牵挂，于云霞也是孩子们最好的“日照妈妈”。2018 年 9 月 10 日，她在刀郎双语中学结对培养的“徒弟”给她传来了一份特别的教师节礼物——一段近 6 分钟的视频。视频是她在刀郎双语中学工作期间照片的合集，在视频的结尾，她的“土地”谢日扎提惊喜现身，对她诉说着思念和祝福。于云霞说，这就是身为老师的幸福。

在新疆支教期间，于云霞勤奋努力，工作出色。2017 年 6 月，她被评为喀什地区优秀共产党员。2018 年 2 月和 4 月，她分别在日照市援疆干部人才座谈会和山东省委党政代表团在新疆调研对口支援工作座谈会上，作为援疆教师代表发言。2020 年 1 月，她被新疆维吾尔自治区评为优秀援疆干部人才，记功一次。《山东画报》在庆祝中华人民共和国成立 70 周年专刊《红色热土，盛世芳华》中将“于云霞：3500 公里外的惦念”收录其中。

两年半的援疆生活，于云霞始终坚守教育理想，既脚踏实地，也仰望星空。

4. 勇者无惧：敢于担当，开启全新篇章

于云霞的工作履历丰富而精彩，对每一项工作她都尽善尽美，在每一个领域她都全力以赴。出色、优异、卓越的成绩背后，是她“拼命三娘”的工作状态和超凡的工作能力。

2018 年 9 月，于云霞接受了人生中的又一份挑战，分管曲师附校的小学部工作。她充分发挥九年一贯制教育的优势，在中小衔接问题上进行了深入的研讨和实践；创客教育实现“普惠 + 特长”培养；把 STEM 教育引入学校。2019 年 7 月南湖中学被选为山东省“互联网 + 教师专业发展”工程 STEAM 教育培育项目学校，2019 年 11 月，国家级课题“STEM+ 学科教学研究”成功立项，2020 年 1 月，学校成功入选“中国 STEM 教育 2029 创新行动计划”第二批种子学校。

2019年3月,在全国新教育实验日照开放周暨“研发卓越课程”专题研讨会上,于云霞勇敢地挑起了重担,找思路,定内容。“迎宾仪”“新教育叙事”两节课程,从文字到演示文稿,她一字一句,一音一画,精雕细琢,力争完美。于云霞白天统筹工作,晚上制作课件,依托场馆资源的卓越课程最终得以精彩呈现,赢得了与会人员的高度评价。

2020年9月,于云霞到日照市实验中学工作。她成立信息中心,加强信息化教学工作;成立创客社团,把创客教育引入学校,提升学生的科技创新能力和信息素养。在2020年12月第十八届全国NOC决赛中,日照市实验中学获“机器人无人驾驶”项目一等奖。学校的信息宣传工作也在于云霞的推动下,进入崭新阶段,多个视频和近50篇文章被“学习强国”和“日照日报”等平台采用。

2021年9月,于云霞投身农村教育事业,走进了南湖中学,相信她一定能在新的人生版图上书写教育发展的新篇章!

“但问耕耘,不问收获”。于云霞的教育生涯中没有感人至深的故事,没有轰轰烈烈的事迹,她一直踏踏实实地守着初心,追寻着她的教育梦想。

(来源:日照教育发布。)

于云霞:乡村孩子梦想的“点灯人”

“在乡村教育这个课题面前,一颗愿意付出的真心比任何计划和方法都重要。”2021年8月,山东省三八红旗手、日照市教书育人楷模于云霞再一次把自己交付给农村教育事业,来到南湖中学主持工作,这是她从教25年中的“又一次”抉择。

教师是阻断贫困代际传递的耕耘者,是万千乡村孩子梦想的“点灯人”。于云霞常说,自己是靠学习从农村走出来的幸运儿,知识改变命运,她深知教育对于农村孩子的重要性,因此她想为教育扶贫、教育均衡事业的发展尽自己的绵薄之力。

2013年于云霞第一次走出城区学校,来到农村学校支教。2015年8月至

2016年7月、2017年2月至2018年7月，于云霞两度援疆，并在援疆期间被评为喀什地区优秀共产党员、新疆维吾尔自治区优秀援疆干部人才等，是新疆娃们最爱的“日照妈妈”。

来到南湖中学后，于云霞首先对学校情况进行了摸底调查，了解到学校现状后她认为亟须解决的问题是：有些孩子对未来毫无期待，甚至拒绝上学；有些家长并不关心孩子教育，反而想尽快让孩子完成学业出去打工。

20多年的教育经历是于云霞最宝贵的经验财富。面对困难，她没有气馁，为积极做好“控辍保学”工作，她制订“蜕变”计划：用真情实感感染学生和家长，让学生爱上学校，让家长信任学校。她时时处处关爱学生，在就餐时间总是能看到她辗转于各个餐桌，叮嘱学生“多吃蔬菜、慢点吃饭”；在下班后总能看到她和老师们奔波在赶往各个孩子家中的路上，他们去说服家长要重视教育，鼓励家长和老师们一起努力，让孩子们有一个美好的未来。

为了让更多孩子受到更好的教育，她付出了千万倍的努力，无数次入户家访、谈心，千方百计地帮助这些孩子们找到前行的方向和心灵的依靠。

学生凡凡把于云霞当成倾诉对象，总会在课间跑到办公室告诉她自己的“小秘密”；厌学的小慧和婷婷开始返校学习，在她的引导下找到了感兴趣的课程，加入了合适的社团。这些学生们的情况有时也会出现反复，但于云霞从不放弃，她一直走在关爱学生的路上……

时序轮替，于云霞用爱心滋润着学生。诸如此类动人的故事还有很多很多，她是学生心中的妈妈，甚至有许多学生看到她直接喊：“亲妈来了！于妈妈来了！”

“可能，我就是为教育而生的！”凭着扎实的业务功底，于云霞先后在市级、省级、国家级优质课比赛中获得一等奖，并多次执教省市级公开课；被认定为日照市教学能手、日照市学科带头人、“日照名师”；2021年成为山东省初中信息技术特级教师工作坊成员。作为日照市首批名师名校长工作室主持人，她带领团队积极探索信息技术与教育教学的深度融合，推动创客教育、人工智能、STEM教育的研究，引领青年教师成长和区域信息技术教学发展。

奔赴农村,诠释担当。为促进教育均衡发展,于云霞义无反顾选择了这方土地,她用情怀书写担当,用生命践行使命,她如闪亮的烛光,照亮了一个又一个农村孩子的梦想,为乡村发展注入了澎湃力量。

(来源:日照日报。作者:蒋月阳。有删改。)

农村支教、两度援疆!她是日照女教师于云霞!学生眼中的“于妈妈”

和于云霞的第一次见面,是在她的办公室。一件浅紫色大衣、如沐春风的微笑……

温暖而明媚是她给记者留下的初印象。

很难将眼前这个柔软的人和她硬核的教育履历联想在一起。在一年农村支教时间里,她架起了农村学校与城区学校联合教研的桥梁,助推了农村学校信息化教学的发展;两度援疆,她为当地学校带出了一支可独立运作的管理队伍,建构起一套适合当地实际的教学管理模式,成为麦盖提孩子们最信任的“日照妈妈”。图 4-1 为于云霞和麦盖提学生的合影。

图 4-1　于云霞和麦盖提学生的合影

1. 一片丹心

于云霞说:“我从事教育工作 26 年了,到农村学校支过教,也援过疆,我慢慢地对‘知识改变命运’有了更真切的感悟,对教育的意义有了更深刻的理解。图

4-2 为于云霞和麦盖提学生在一起合影。

图 4-2　于云霞和麦盖提学生们在一起合影

我是幸运的，作为农村孩子，我因为教育从农村走出来，看见了更广阔的世界，有了不一样的人生；作为一名教育工作者，我又因为教育从城市回到农村，通过教育影响一批又一批孩子的人生，并实现自己的人生价值。”图 4-3 为于云霞在麦盖提支教的课堂上。

图 4-3　于云霞在麦盖提支教的课堂上

2. 一番耕耘

加强文化建设，用文化润泽学校。作为南湖中学党总支书记、副校长，于云霞结合南湖镇地域文化，打造特色鲜明的品质校园，积极推进智慧校园建设。风景是文化，草木皆教育，增强师生的归属感和幸福感是于云霞一直为之努力奋斗的目标。

用情用心创新，深化教学改革。于云霞有先进的教育教学理念，她立足学校实际，着眼于学生的长远发展，给学生提供适合的教育。图4-4为于云霞在南湖中学的课堂上。

图4-4　于云霞在南湖中学的课堂上

为了挖掘学生的特长和闪光点，于云霞在充分发挥科技、体育学科优势的基础上，又开设了经典诵读、风景数学、书法、剪纸、音乐等19个社团，创新艺体“2+1”项目，开展劳动教育、创客教育，满足学生的多元化发展需求。

关心学生成长，助力身心健康。为了让学生更好地发展，她带领老师们奔赴在乡村的公路上，无论刮风下雨，都阻挡不住他们进村家访的决心。了解得越多，就越懂得孩子们需要什么。南湖中学打造“妈妈工作室”德育品牌，启动“启智润心”学生关爱工程，聘请专业团队对学生进行心理健康教育和疏导，帮助学生健康成长。图4-5为于云霞在南湖中学学生宿舍和学生交流。

图 4-5　于云霞在南湖中学学生宿舍和学生交流

真诚用心呵护，师长化身妈妈。于云霞来到南湖中学不久后，了解到学校里有学生家庭突发变故，姐弟三人一下成了孤儿。为了帮助学生，于云霞立即召开学校领导班子会议，共商帮扶办法，决定由学校承担三个孩子在校期间的全部就餐费用，并在精神上给予他们鼓励和帮助。

为学生排忧解难，用工资为学生买衣服、请学生吃饭、带学生回自己家……于云霞用母亲般的关爱教育学生，也因此她成了学生心中和蔼可亲的“魅力妈妈”。她进入有些班级，孩子们甚至直接喊“亲妈来了！于妈妈来了！”

激发内生动力，锻造教师队伍。在于云霞心里，教师团队是至高无上的。她给老师们底气和勇气，为他们搭建成长平台，让他们在教育学生的同时成就更好的自己。图 4-6 为于云霞和南湖中学的学生们在一起。

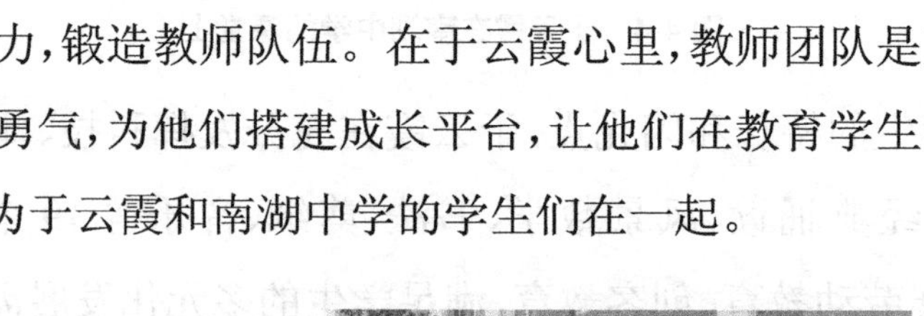

图 4-6　于云霞和南湖中学的学生们在一起

在东港区构建城乡教育共同体、全区教研一体化的推动下，于云霞加强城乡校际优势互补和资源共享,以南湖镇作为山东省第二批教育强镇筑基试点乡镇为契机,充分发挥南湖中学日照名师的辐射引领和带动作用,成立“教师成长工作坊”,助推教师专业成长。

3. 一分收获

从与于云霞的交流和师生的反应中,记者深刻感受到了她那份厚重的教育情怀,感受到了她追梦的执着,她把所有的智慧和力量都献给了教育事业。

“于校长在我们眼里是完美的。”在谈起校长于云霞时,同事瞬间化身粉丝,大家笑着说:“她给学校带来了不期而遇的温暖与生生不息的希望,老师和学生都特别喜欢、崇拜她。”

26 载教育时光,于云霞像灯塔一样照亮了师生前行的路。从城市到农村,她用实干彰显担当;从东部沿海到西部边疆,她用热爱诠释师者仁心。正如她的同事所说:“于校长是一位有教育理想、教育情怀,有大爱、有智慧、有担当、有能力的好校长。”

于云霞说:“耕耘在教育这片希望的田野上,我是幸福的!”

(来源:大众网东港。作者:石新瑜,李伟。有删改。)

“双减”在行动丨南湖中学:强化学校教育主阵地 营造教育新生态

“双减”政策实施以来,东港区南湖中学认真贯彻落实“双减”工作要求,聚焦“五项管理”,全面落实立德树人根本任务,从深耕教学研讨提质量、特色校本课程促发展、优化作业设计提效能、家校协同育人助成长、关注身心健康润心田等方面入手,采取五项举措落实科学减负,以“减负不减责任,减负不减质量”为总体目标,夯实学校教育主阵地,为学生搭建健康发展的平台,让教育回归育人本质,让学生更好地回归校园,全面提升学生的核心素养,实现减负、增效、提质,构建良好的教育新生态。

1. 构建高效课堂，深耕教学赋能育人质量提升

课堂是落实“双减”的主阵地，南湖中学树立“小活动微教研深耕课堂”的工作思路，通过夯实学科组集体备课研讨、举行学科素养提升小活动、城乡结对名师引领、常态课堂开放等举措，开展教学教研活动，以改进课堂教学细节、增强学生学习技能，着力打造“以小见大，以微促强，多方联动”的教学研究新常态，助推“双减”工作深入落实，为育人质量提升注入新动能。图 4-7 为于云霞参加教学研讨专题会议。

图 4-7　于云霞参加教学研讨专题会议（组图）

开展教学研讨专题研讨，推进学情会商学法指导。南湖中学把教师校本研训视为学校发展的基石，分年级定期召开教学研讨专题会议、教研组长会议、阶段质量检测分析会议等，实行班级教导会制度，建立学情会商长效体系；分年级分学科开展语文诗词大会，经典诵读，数学计算大赛，英语口语大赛，语文、英语学科课前三分钟演讲等单项、小微学科活动，从小处、细处单项突破，提升学生学科素养。图 4-8 为学校开展学科素养小活动。

精耕常态课堂，践行有效教学。南湖中学以“落实‘双减’，提质增效”为主题，持续开展学科组精品展示课、青年教师研讨课、骨干教师公开课、常态课堂开放等多层次、多形式的教学展示、观摩等校本教学研讨活动，提升课堂教学效能和教师精讲精练、高效教学的能力。图 4-9 为校本教学研讨活动——展示课。

图 4-8　学校开展学科素养提升小活动(组图)

积极建设智慧校园,构建教育新样态。应用智学网开展日常测验与教学活动,形成学生个性化学习手册,帮助老师预设课堂教学重点,聚焦共性、薄弱知识点进行精准教学,全力打造高效率、轻负担的智慧课堂,真正让学生动起来,让课堂活起来,使学习效果好起来,夯实课堂减负、增效、提质的主阵地。

图 4-9　校本教学研讨活动—展示课(组图)

城乡联合教研,实现优质教育资源共享。充分发挥南湖中学现有的两个日照市名师工作室的带动作用,成立教师成长工作坊;学校积极与日照市新营中学、曲师附校等城区学校实施“结对共建”联合办学，以“强课提质”为着力点，深入开展校际研讨交流，促进教师对课堂教学的研究，实现城乡校际优势互补和资源共享，助推教师专业发展，共建减负、增效、提质的高效课堂。图 4-10 为城乡联合教研校际研讨和日照市名师工作室走进学校等活动。

图 4-10　城乡联合教研校际研讨和日照市名师工作室走进学校等活动（组图）

2. 做好课后服务，为学生个性化发展助力

一枝独秀不是春，百花齐放春满园。做好课后服务是实现“双减”工作目标的重要举措，是彰显学校办学特色、促进学生全面发展的重要途径。南湖中学把课后服务与学生课业辅导、校本课程开发、社团活动有机融合，精心构建“作业辅导 + 特色课程 + 精品社团”的服务模式，把“‘五育’并举，实现多元发展”理念融入日常工作中，深入推进艺体“2+1”项目，扎实开展学生社团选课走班、科普活动进校园、劳动教育实践课程、心理健康教育课程等活动，取得了“解决家长难题、发挥教师特长、突出学生个性、彰显学校特色”的良好效果。

课后精心辅导学生作业，弥补家庭辅导短板。在午休、晚自习等课下时间，教师轮流值班指导学生,对课堂内容进行查漏补缺、培优补差,对学习有困难的学生进行个别辅导答疑、面批面改作业,为学有余力的学生拓展学习空间,提升学生的学习能力。图 4-11 为学生参加社团活动。

图 4-11　学生参加社团活动(组图)

丰富社团课程,让每个生命绽放精彩。南湖中学开设了覆盖面广、满足学生兴趣爱好的特色社团活动课程:经典诵读、风景数学、英语美文欣赏等学科文化素养类课程;理化生实验探究、地理达人等实践探究类课程;无线电测向和定向越野、航海模型、航空模型、建筑模型等科技科普类课程;素描、剪纸、舞蹈、器乐等艺术类课程;结合体育教学选课走班,开设了田径、足球、排球、乒乓球、花样跳绳等传统体育类课程;还有关注心理健康的阳光之心健康教育课程、劳动教育实践课程……众多的社团活动已经成为校园中一道亮丽的风景线。学生们在兴味盎然的社团活动中提升学习品质和身心素养,享受社团活动带来的自信与快乐。图 4-12 为科普活动进校园活动。

图 4-12　科普活动进校园活动（组图）

3. 优化作业设计，减量提质增强学习效能

作业是提质、增效的突破口，要做到“双控双增”，即控时控量、增质增效。南湖中学完善作业管理办法，建立学科教研组作业统筹制度、作业校内公示制度，加强教研组、年级组、校级多层级的作业质量监督，对作业梯度考量、作业总量把控、作业形式设计、作业情况反馈等事项做了具体详细的要求；实行备课组先周集体研讨工作模式，严格按照规定控制作业总量，精准针对不同学生设计个性化、弹性化的作业，注重设计订单式项目性作业、探究实践式创新性作业，积极探索跨学科作业、综合性作业，让学生体验到学习的成功和快乐，从而激发他们的内驱力。同时大力开展体育、美育和劳动教育家庭作业实践研究探索，让学生动起来、作业“活”起来、家长参与进来，促进学生全面发展。图 4-13 为备课组先周集体研讨现场。

图 4-13　课组先周集体研讨现场（组图）

4. 推动家校联动，构建家校共育新生态

为让家长深入了解“双减”政策出台的目的与意义、“双减”具体举措、家校协同共育等方面的内容，南湖中学通过家长开放日、召开家长会、开展“百名教师访千家”、印发“关于学生减负工作致家长的一封信”等形式，对“双减”及五项管理、课后服务等政策进行宣传，围绕“‘双减’政策下家长应树立怎样的教育观”“应该如何适应新变化，做有担当的好父母”“怎样与孩子共成长”等话题和家长一道探讨交流，有效缓解家长的焦虑情绪。

引导家长转变教育理念，着眼于学生健全人格的培养和整体素养的提升，鼓励家长和孩子一起设计家庭活动，体验户外活动的乐趣，切实履行家庭教育主体责任，合理安排孩子课余生活，督促孩子养成良好的学习习惯，提升自主学习、自我管理的能力，实现家校协同育人。图 4-14 为学校开展协同育人活动。

图 4-14　家校开展协同育人活动（组图）

5. 守护身心健康，“启智润心”引领学生健康成长

南湖中学高度重视学生的心理健康教育，成立了“妈妈工作室”，实施了“启智润心”学生关爱工程，全面落实“全员育人导师制”，关注和关爱每一位学生的健康成长；多次邀请市区专家为老师们做“心理实操技能”专题培训，开展“启智润心”大讲堂进校园、进社区活动；与日照金太阳社会工作服务中心合作，建立心理健康教育课程体系，为师生和家长提供心理支持，心理咨询专家每周两次到校开展“青春筑梦心飞扬”励志教育讲座、人生规划专题教育活动、心理团体辅导游戏课程等，做好学生的心理健康教育，增强学生自我发展、主动发展的内驱力和动力，为落实“双减”保驾护航。图 4-15 为南湖中学课程化、常态化开展心理健康教育。

图 4-15　课程化、常态化开展心理健康教育(组图)

“双减”工作是教育发展的方向标、主旋律，决定着未来教育发展的大格局，是办好人民满意教育的保障。南湖中学将站在“培育时代新人”的高度，坚守为党育人、为国育才使命，坚持“五育”并举，着眼学生未来发展，服务学生、服务家长，不断创新育人新路径，探寻育人新方法，在提质增效减负的道路上砥砺前行，努力营建教育的良好生态，践行育人使命！

（来源：日照教育发布。有删改。）

做教育“点灯人”,让更多农村孩子绽放光彩

1. 坚守乡村 26 载,教育“老兵”于云霞用行动诠释师者仁心

站上讲台便站成了灯塔,选择教育便选择了奉献。26 年来,从城市到农村,从东部沿海到西部边疆,作为山东省第十二次党代会代表,日照市南湖中学党总支书记、副校长的于云霞,用专业和热爱诠释师者仁心,用奉献和执着绘就自己的教育篇章。

2. 对农村孩子有一种特殊的感悟

于云霞是一名教育“老兵”,秉持“做一个学生喜爱的老师”的初心,视学生为己出,扎根教育事业 26 个春秋。

1996 年,从吉林铁路经济学校毕业后,于云霞被分配到日照铁路职工子弟中学工作。当时正赶上计算机课被纳入初中课程,任课教师稀缺,她便靠着上学时辅修的计算机专业知识及时顶上。“站上讲台的那一刻,看见一双双求知的眼睛,我便找到了内心所爱。”于云霞说。

2013 年 8 月至 2014 年 7 月,于云霞来到日照市经济开发区实验学校这所农村学校,成为一名支教老师。支教一年间,她竭尽所能,在信息技术学科教学、学生兴趣培养等方面提出合理建议,推动两校联合开展了一系列教研教学活动。

正是因为这段经历,于云霞萌生了“到祖国更需要的地方去,为教育均衡尽自己绵薄之力”的强烈愿望。2015 年 8 月,于云霞远离家乡和亲人,去往新疆喀什支教。在那里,她担任麦盖提县教育局师训电教部副主任,承担刀郎双语中学的信息技术教学任务,并参与筹建了麦盖提县教师培训中心。2017 年 2 月,于云霞再次来到新疆。这一次,她担任刀郎双语中学副校长、教学四部党支部书记。她结合学校实际,确定了“用德育润泽心灵,用文化引领行为”的管理理念,为当地培养出一支专业教师队伍。谈及坚守农村教育的初心,于云霞微笑着说:“我自己生于农村、长于农村,对农村孩子有一种特殊的感情,特别希望他们未来都能成为社会栋梁。”

3. 乡村振兴离不开乡村教育振兴

2021年8月，于云霞再一次投身农村教育事业，担任南湖中学党总支书记、副校长。

为让更多孩子受到更好的教育，她风雨无阻入户家访，与家长和学生谈心，千方百计帮孩子们感受美好的生活，让他们找到前行的方向。“于妈妈，我们爱您！”这是孩子们发自内心的呼喊。

“她是一位有智慧、有能力、有情怀、有大爱的校长，她用一片真情温暖了师生，她是我们所有人的偶像！”谈起于校长，老师们这样评价。在学校管理上，她善于从小处着手，但更善于从大处着眼，重要事情亲力亲为，深知握指成拳的凝聚力的重要性。

“去年南湖镇成为山东省第二批教育强镇筑基试点乡镇”于云霞说，“我们立足师生的精神和文化需求，不断提高学生的核心素养，提升学校办学水平。我们持续建设智慧校园，逐步实现学生管理、教学实践、生活等智能化。”

“我觉得乡村振兴，离不开乡村教育振兴，只有让更多农村孩子绽放属于他们的光彩，农村才能欣欣向荣，这也是我一直坚守乡村教育这方沃土的原因。”于云霞说。

（来源：齐鲁晚报。作者：郑玥，解发发。有删改。）

日照市女党代表风采丨于云霞：烛火，把农村孩子的人生梦想点亮

于云霞，女，2004年12月加入中国共产党，南湖中学党总支书记、副校长，高级教师，先后荣获山东省三八红旗手、日照市教书育人楷模等称号。

2013年于云霞第一次走出城区学校，到农村学校支教。这开启她了教育生涯的新篇章。2015年8月至2016年7月、2017年2月至2018年7月，于云霞两度援疆，她辛勤耕耘，工作出色，成绩傲人被评为喀什地区优秀共产党员，新疆维吾尔自治区优秀援疆干部人才，记功一次；在市、省级援疆工作相关座谈会上

作为援疆教师代表发言；援疆事迹被《山东画报》收录。谢日扎提、安外尔……孩子们成了于云霞最深的牵挂，她也成了新疆娃们最爱的“日照妈妈”。

“让每一个孩子充分享受充满生机的教育，带着梦想飞得更高更远；让更多的孩子走出农村，描绘自己的精彩人生……”来到南湖中学，最让于云霞感到心痛的是看到一批对未来毫无期待，拒绝上学的孩子。甚至有家长说：“这样的孩子让他到学校有什么用呢？但是于云霞不放弃任何一个孩子，总是千方百计地进行沟通。做通这些孩子和家长的工作需要付出千百倍的努力！但她从不气馁，“哪怕我能帮到孩子一丁点儿，哪怕我能让她感受到一丝温暖，我的付出就是有意义的。”于云霞说。于云霞的暖心和爱心像春雨般无声地润泽着一个个幼小的生命。她是学生心中的“于妈妈”，燕子视她为母亲，她总是给予燕子耐心细致的关爱，让燕子找到了继续前行的方向，有了心灵的依靠；对学习绝望的芳芳和平平在她的引导下找到了喜欢的课程和社团，重新树立了目标……“于老师你要多吃肉，你太瘦了！”于云霞说最让我感动的就是孩子再打开心扉后，给予我爱的反馈。

扎根农村，深耕教育。于云霞有扎实的专业基础和科学的管理能力。

“学高为师，身正为范”，从教二十多年来，于云霞业务功底扎实，知识结构完善，教育思想先进，她着力打造信息技术活力课堂，形成自己的教学风格。于云霞先后在市级、省级、国家级优质课比赛中获得一等奖，并多次讲授省市级公开课；被认定为日照市教学能手、日照市学科带头人、“日照名师”，2021 年成为山东省初中信息技术特级教师工作坊成员。更难得的是，她在成长的道路上一直努力帮助青年教师。作为日照市首批名师名校长工作室主持人，她带领团队积极探索信息技术与教育教学的深度融合，推动创客教育、人工智能、STEM 教育的研究，引领青年教师成长和区域信息技术教学发展。

于云霞作为南湖中学的主要负责人深知自己肩负责任之重大，在实际工作中，她真正做到了率先垂范。

每天迎朝阳、披星光，吃住在学校；课间、夜间与值班老师一起维护师生安全……她所有的日子都是工作日，没有星期天，加班加点地奔波在校园里，她为了师生拥有更美好的未来而铺路搭桥。

她的到来,给老师带来了力量,给学生带来了温暖,给学校带来了新机。在校园里,会有孩子甜甜地叫一声“老师好!”,也会有孩子突然跑过来告调皮孩子的状,她能体会到孩子对自己的“依赖”,并为此倍感欣慰……所有的学生都认识这位“新来的”校长。

在于云霞的管理下,“和合”发展中的校园,处处彰显着人与人之间的关怀。她强化安全管理,力求构建平安和谐校园;立足实际情况,重视学生心理健康教育工作;聚焦家校需求,打造高品质寄宿制农村学校;努力探索区域教育均衡发展的新途径,使学校形成“加强教师队伍建设,筑牢育人根基;重视活动阵地建设,创设发展平台”的办学特色。

于云霞为了促进教育均衡发展,选择了农村这方土地。她用情怀抒写担当,用生命践行使命,她如同闪亮的烛光,为农村孩子点亮梦想,为乡村发展注入力量。

探寻于云霞的事业奋斗轨迹,我们可以深刻感受到:正因为她心中有着对党的无限忠诚、为民服务的信仰,她的脚下才会有执着前行,行者恒至的超强奋斗力;正因为她肩上有强国有我、奋斗有我的担当,她对教育才会如此的痴迷沉醉,她的工作成绩才会如此卓越!

(来源:日照女性。有删改)

代表委员回一线丨市党代表于云霞:让农村孩子享受更优质的教育

市党代会胜利闭幕后,市党代表、东港区南湖中学党总支书记、副校长于云霞回到自己的工作岗位,认真传达会议精神,研究贯彻落实举措。

市委工作报告(以下简称报告)中提出,要致力于增进民生福祉、办好人民满意的教育。其中,提到了义务教育“强镇筑基”行动计划,就是以提高乡镇驻地学校教育质量为重点,辐射带动乡村教育水平整体提升。作为一名乡镇驻地中学的负责人，这些信号让市党代表于云霞充满信心。

“学校办学水平提升的关键是要有一支业务精湛的教师队伍。”于云霞介绍，要不断提升教师的获得感，充分发挥日照名师等的引领辐射和带动作用，提高教师的专业发展水平。

近年来，东港区着力打造城乡教育共同体，在全区教研一体化的推动下，南湖中学开展了“互联网 +”智慧课堂建设，探索联合教研和课程教学改革，并强化体育艺术教育和劳动特色教育等课程，努力拉近与城区中学的差距。同时，南湖中学也打造了多种多样的课后服务活动，以促进学生全面健康成长。

“我们进一步细化课后服务时间与学生家长工作时间的匹配度，引入人工智能创客教育等课程丰富课后服务形式，推进学校的智慧校园建设，开阔孩子的眼界，让农村的孩子也能跟城区的孩子一样享受到更优质的教育。”于云霞介绍。

报告中提到，要加强青少年思想道德教育，扎实推进“双减”政策，提高课堂教学质量，深化课后延时服务改革。这也是于云霞今后努力的方向。

于云霞表示，他们将以教育“强镇筑基”为契机，以党建引领学校，从优化育人环境、锻造教师队伍、深化教学改革、提升课后服务等方面进行内涵式发展，落实党代会的发展目标，办好高质量的农村教育。

（来源：直播日照。作者：杨琨，赵健博，刘姝君。有删改。）

于云霞代表：勇毅笃行向未来 踵事增华再出发

聆听了报告后我备受鼓舞，报告站位高、立意远、落点实，客观总结了过去五年的工作，报告也提出了未来五年的规划。“可谓总结成绩振奋人心，发展愿景催人奋进”。

过去的五年里，作为一名教育人，我真切感受到党和政府做人民满意教育的决心和力度。报告中提到日照市课后延时服务率先普及，走在全国前列，群众满意度测评连续两年位列全省第二位。

这一系列成绩的取得，是全市教育系统认真践行以人民为中心的发展思想，不断强化优质教育资源供给，深入实施中小学课后延时服务、义务教育学校集中配餐、建设人工智能实验室等为民办实事项目，用实实在在的行动和措施让群众的教育获得感、幸福感更加充盈、更有保障的结果。我所在的南湖中学更是振兴乡村教育，加快推进农村教育改革的执行者和受惠者。

下一步，我一定会深刻领会报告内涵，把大会的精神学习好、传达好、宣传好、贯彻好。尤其是报告中提到的“义务教育强镇筑基行动计划”，让我切实感受了在南湖镇这片沃土上，教育大有可为。

在2022年南湖镇成功成为山东省第二批教育强镇筑基试点乡镇的背景下，我们将以“强镇筑基”为契机，以党建引领学校内涵式发展，深化课程改革，落实“双减”实现“双增”，办好课后服务，进一步细化课后服务区间段，提高与家长实际需求的匹配度。引入人工智能和创客教育等课程丰富课后服务形式，进一步推进智慧校园建设，让农村的孩子也能开阔眼界，提高他们的信息技术综合素养，让他们跟得上时代的发展和步伐。

勇毅笃行向未来，踵事增华再出发。我们将以“义务教育强镇筑基行动计划”为契机，以办人民满意的教育为目标，发展高质量的农村教育，为日照的发展贡献教育力量。

（来源：日照新闻网。作者：范开元。有删改。）

做好学校的联络员和勤务兵

于云霞，女，1976年3月生，于1996年8月参加工作，原工作单位是日照市外国语学校，现在日照经济开发区实验学校支教，任初中信息技术教师，并挂职教务副主任。

我非常幸运地作为第一批支教交流的老师来到日照经济开发区实验学校，这里有务实的领导，勤奋的教师，我很快地融入了这个新集体。

作为一名信息技术教师，我追求一种技术与智慧、情感共融的课堂，注重学生综合信息素养的提高。身为领队，我要当好联络员和勤务兵，积极促进校际合作交流。在我的推动促进下学校在教学管理、教研活动等方面有了实质性的进展，日照经济开发区实验学校也正发生着积极的、可喜的变化。

支教工作是丰富人生阅历、锻炼提高自己的机会。我定用心工作，全力以赴，以优良的素质、扎实的作风、出色的成绩，保质保量地完成支教交流任务，力争为关心、支持我的各级领导和老师们交上一份满意的答卷。

最后祝齐鲁晚报《今日日照》创刊三周年生日快乐，在追求卓越的路上与读者一路同行，让文化浸润受众的心灵。

（来源：齐鲁晚报。有删改。）

于云霞：3 500 千米外的惦念

教育乃立国之本。1949 年，我国 80% 的人口是文盲。2019 年，我国文盲率不足 10%，70 多年的时间里，教师始终是我国提升国民素质，为各行各业培养人才的关键岗位。20 世纪 90 年代初踏上北上求学之路的于云霞，自己都没想到十年后的她会成为一名人民教师，二十年后更光荣地成为支援西部教师队伍中的一员。

2017 年 2 月，于云霞回到新疆喀什麦盖提刀郎双语中学。迎接她的是一群熟悉却又惊诧的脸，惊讶中似乎又有些手足无措，不过瞬间这些就都被兴奋所取代。学生吾星对她说："老师，我能不能给你一个大大的拥抱？""当然可以，来吧！"于云霞高兴地张开双臂。图 4-16 为刀郎双语中学的学生们和于云霞在一起。

在她的记忆里，这个维吾尔族男孩是一个特别羞涩的学生，但这次有点不一样，"在这里，很少有离开之后再回去的老师。"两年之后在山东日照的于云霞回忆起当时的情形，仍有些激动。"我相信，在那一刻，孩子的情感不仅仅是对我自己的，而是将对所有援疆老师的感情都投射到了我的身上。"

新疆喀什麦盖提与山东日照直线距离为 3 574.55 千米，直飞航班从济南遥墙机场出发到达喀什机场，包含经停时间需要 8 个小时。而从喀什到麦盖提还有 170 千米的路程。

图 4-16 刀郎双语中学的学生们和于云霞老师在一起

为让新疆孩子接受和东部地区孩子一样的优质教育，在山东省援疆指挥部的支持下，2015 年日照市援疆指挥部选派 8 名一线骨干教师入疆，负责新疆“内初班”的教学管理工作。在父亲的支持下，于云霞报名参加。那时的她想看一看“西部与东部的教育差距究竟体现在哪些地方”。

记者第一次见到于云霞是在 2017 年秋天的麦盖提，她的第二次援疆之行刚刚过去半年，这个略显消瘦却始终精力充沛的女教师，在计算机教室里与当地的学生谈笑风生。那时，自幼生长在大海之滨的她，已经完全习惯了喀什地区干燥的气候和不时铺天盖地而来的沙尘暴。

第一次援疆，于云霞被分配在麦盖提教育局，分管电化教学与教师培训工作。“当地的硬件设施已经与东部地区的同步，最大的区别在于软件和人才队伍建设。”一年的时间，她走遍了全县九乡一镇的中小学和幼儿园，全面掌握了麦盖提的教育情况，提出了提升全县教育发展水平的对策，并筹建了麦盖提县教师培训中心，制定了教师分层培训内容、课程内容等。

结束一年的援疆工作回到日照不足半年，因为新疆学生电话中的一句“老师你什么时候再来，我们想你了！”于云霞 2017 年 2 月再度入疆。这一次，她投入一线教学工作，担任麦盖提刀郎双语中学副校长。一年半的时间，她与援疆教师团队一起，通过规范制度、整合资源等，形成了具有地域特色，适合刀郎双语中学自身发展的教育方式和教育理念,她所负责的教学四部成为整个学校的模范样板。

而2017年刚好是于云霞从事教师工作的第21个年头。一直从事计算机教学的她觉得,“这是最能反映近30年我国教育变化、社会发展的学科之一”。

20世纪90年代是中国教育迅速发展并逐渐向电教化发展的时期。在条件允许的地区,国家开始正式将计算机纳入中学课程。“在那个根本没有几个人接触过计算机的时代”,就读于经济学类专业的于云霞,成为日照铁路职工子弟中学(曲师附校前身)唯一一名可以讲授这一课程的教师。

“从来没觉得自己那么适合讲台。”于云霞对自己第一次授课的印象极其深刻。那是一种怎样的感觉?讲台上的她意气风发,与学生畅快交流……“特别好”是她能想到的最恰当的词。

“大脑袋”显示器,需要软盘来启动的系统,需要穿鞋套才能进入的机房……是那个时代成长起来的人对计算机课程的最初记忆。至今,于云霞还保留着3.5英寸磁盘,那是她对自己教育生涯最早的“记忆存储”之一。

今天,在学生们的学习与生活中,平板电脑等移动终端已经被广泛应用。中学生也已经开始学习物联网、人工智能等课程。“学校的计算机课程,也顺应社会的发展和时代的需要在不断变化。现在的计算机课程叫‘信息技术’,现在培养的也不是单一的计算机软硬件的操作,而是信息应用的核心素养。”麦盖提刀郎双语中学的学生,也已经适应了这种变化,成为信息时代的受益者。

第二次援疆结束,于云霞带回日照的行李箱里装满了记忆,其中有一张破旧的宣传海报,显得尤为独特。“一天,我在麦盖提的街上走,突然被一位当地维吾尔族老人拉住。他展开这张海报问:这上面的人是你吗?”那是一张于云霞未见过的,援疆指挥部用于援疆工作宣传的海报。“确认是我之后,老人也很激动。原来老人的孙女是我的学生,他看到了孩子在学校的成长,特地保留了这张海报。”

离开新疆时,她的学生努热满古告诉她:“老师,我长大了也要做一名教师,像您一样!”

(来源:山东画报。作者:王立群。有删改。)

你好，党代表丨于云霞：学生口中的“于妈妈”，为孩子们点亮一盏灯

于云霞，女，中共党员，1976年3月出生，1996年8月参加工作，2004年12月入党，2021年8月起任南湖中学党总支书记、副校长（主持工作）。

站上了讲台便站成了“灯塔”，选择了教育便选择了奉献。26年来，从城市到农村，从东部沿海到西部边疆，于云霞用热爱和执着绘就了教育篇章。她先后获评全国新教育实验先进个人、山东省三八红旗手、日照市教书育人楷模、“日照名师”、喀什地区优秀共产党员等荣誉称号。

1. 学而不厌：扎实学识铸就专业自信

20世纪90年代，计算机课程纳入初中课程，专任教师奇缺，于云霞凭借在中专学习时辅修的计算机专业知识，接过了教学任务。站上讲台的那一刻，看见一双双求知的眼睛，她便找到了内心所爱，并将其作为一生的追求。

“学高为师，身正为范”，业务功底扎实，知识结构完善，教育思想先进，于云霞二十多年来严格要求自己，既为了让孩子在她的课堂上真有所获，也为了不辜负当初的选择。从“计算机”到“信息技术”，从中专到研究生，从心理学“小白”到国家二级心理咨询师，她推着自己前进；备课、上课、研讨，主动向其他学科教师请教，拿着小板凳听课，她乐此不疲。她珍惜每一次学习的机会，并逐渐形成了自己的教学风格——“有技有味”，打造“信息技术活力课堂”，以专业的底气和自信站稳讲台。

“一辈子做教师，一辈子学做教师”。她不断充电，用扎实的学识铸就专业的自信，走出了一条属于自己的教师专业成长之路。图4-17为于云霞在学生宿舍与学生交流。

图 4-17　于云霞在学生宿舍与学生交流

2. 诲人不倦:甘为人梯助力青年教师成长

独行快,众行远。于云霞深知,每一点成绩的取得,都离不开领导、前辈、同事的帮助和支持。所以她在帮助年轻人时也总是不遗余力。桃李芬芳,在南湖中学“青蓝工程”中,她帮助实习教师快速成长进步,成长为一名合格教师,并逐步成为学校以及县市级教学骨干。“于老师,你要是早来就好了,我们会有更好的发展。你来了,我们的教研活动更高效了。”在农村支教时,青年教师牟欣如是说。于云霞援疆支教时的“徒弟”陈小芳在谈及于老师时感触更深,“让原本一潭死水的我重燃工作的激情和干劲,帮助、引领我快速成长。”

2020 年 8 月,日照于云霞名师工作室成立,她为自己和青年教师搭建了一个更加广阔的平台,扎实发挥引领和辐射作用,形成“课程研讨 + 研课磨课 + 课题研究”教师成长模式,甘为人梯助力青年成长,前瞻性地引领学科发展。

3. 当仁不让:全心奉献促进教育均衡

在助力教育脱贫,促进教育均衡上,于云霞是行动派。一年的农村支教时光,让她真切感受到教育在区域之间存在的差异,也让她萌生了“到祖国更需要我的地方去,为教育均衡尽自己的绵薄之力”的强烈愿望。

2015年8月，她带着组织的信任和厚望，远离家乡和亲人，开启了一年的援疆支教生活。任麦盖提县教育局师训电教部副主任，承担刀郎双语中学信息技术教学，参与筹建了麦盖提县教师培训中心。事业未竟，心怀大爱，2017年2月，她又带着一份牵挂和不舍，再次踏上了新疆这片热土，这一次，她担任刀郎双语中学副校长，教学四部党支部书记，全面托管教学四部。她结合实际，确定了“用德育润泽心灵，用文化引领行为”的管理理念，强化人文教育，重视信仰教育，打造本土化的教师队伍，为当地培养自己的专业教师队伍。

孩子们是她最深的牵挂，她也是孩子们最好的“日照妈妈”，她深深地爱着新疆这片土地和可爱的孩子们，他们之间留下了一个个动人的故事。于云霞和新疆孩子们的故事被收录进《山东画报》庆祝中华人民共和国成立70周年专刊《红色热土，盛世芳华》。图4-18为于云霞在给学生们上信息技术课。

图4-18　于云霞在给学生们上信息技术课

4. 勇者无惧：敢于担当开启全新篇章

于云霞说：“从事教育工作26年来，我到农村学校支过教，也援过疆，我慢慢地对‘知识改变命运’有了更真切的感悟，对教育的意义有了更深刻的理解。我是幸运的，作为农村孩子，我因为教育从农村走出来，看见了更广阔的世界，有了不一样的人生；作为一名教育工作者，我又因为教育从城市回到农村，通过教育影响一批又一批孩子的人生，并实现自己的人生价值。”

于云霞从城市走向农村，走在为乡村教育奋斗的新征程上。在南湖中学主持工作期间，她深知责任重大，时刻把师生冷暖放在心上，为了让学生有更好发展，她和老师们奔赴在乡村的公路上，无论刮风下雨，都阻挡不住他们入户家访的决心。越了解孩子们的现状，就越懂得他们需要什么，靶向对焦，精准分层，为学生个性化发展打好基础。根据实际，着重打造“妈妈工作室”德育品牌，启动“启智润心”学生关爱工程，她用母亲般的温暖教育学生，做学生心灵的依靠，指引着学生前行的方向，是学生心中的“于妈妈”。

加强队伍建设，夯实育人之基。教师队伍建设是学校发展的关键，于云霞给老师们底气和勇气，为她们搭建成长的平台。在东港区构建城乡教育共同体、全区教研一体化的推动下，她加强城乡校际优势互补和资源共享，以南湖镇作为山东省第二批教育强镇筑基试点乡镇为契机，充分发挥学校日照名师的辐射引领和带动作用，助推教师成长，促进学校发展。

26载从教时光，于云霞视教育为灯塔，一路追光一路成长。26个春秋的孜孜追求，她也成为照亮师生前行的“灯塔”。然而她说：追光不止，奋斗无悔，愿把一生奉献给教育事业！

（来源：灯塔党建在线。有删改。）

我从基层来丨于云霞：做教育“点灯人”，让更多农村娃绽放光彩

站上了讲台便站成了灯塔，选择了教育便选择了奉献。26年来，从城市到农村，从东部沿海到西部边疆，作为山东省第十二次党代会代表，日照市东港区南湖中学党总支书记、副校长的于云霞，用专业和热爱诠释着自己的师者仁心，用奉献和执着绘就了自己的教育篇章。

1. 反哺乡村，在基层贡献力量

“对农村的孩子我有一种特殊的情怀”。

南湖中学的校园里书声琅琅，绿植葱郁，紫色花海烂漫，彬彬有礼的学生，运动场上矫健的身姿，一切显得那么生动活泼，让人沉醉。这所学校的校长于云霞是一名教育“老兵”，秉持“做一个学生喜爱的老师”的初心，视教育为事业，视学生为己出，扎根教育精心耕耘26个春秋。如今，她已从一个年轻小姑娘走向中年，岁月记录着她的不懈奋斗。图4-19为于云霞和学生们在运动场上。

图4-19　于云霞和学生们在运动场上

初见她，一袭藏蓝色长裙，身材偏瘦，笑声爽朗。有干劲抱负大，走路带风，雷厉风行是她给人的第一印象。

1996年，从吉林铁路经济学校毕业后，于云霞被分配到日照铁路职工子弟中学工作。当时正赶上计算机课被纳入初中课程，专任教师稀缺，她便靠着上学时辅修的计算机专业知识，及时顶上。“站上讲台的那一刻，看见一双双求知的眼睛，我便找到了内心所爱。”于云霞说。

2013年8月至2014年7月，于云霞在日照经济开发区实验学校这所农村学校支教。在这里，她真切感受到了区域之间教育存在的差距，一年间，她竭尽所能，在信息技术学科教学、学生兴趣培养等方面提出合理建议，推动两校联合开展了一系列教研教学活动。

正是因为这段经历，于云霞萌生了“到祖国更需要我的地方去，为教育均衡尽自己绵薄之力”的强烈愿望。2015 年 8 月，她远离家乡和亲人，到新疆喀什支教。在那里，她担任麦盖提县教育局师训电教部副主任，承担刀郎双语中学信息技术学科的教学工作，并参与筹建了麦盖提县教师培训中心。2017 年 2 月，于云霞再次来到新疆。这一次，她担任刀郎双语中学副校长、教学四部党支部书记。结合学校实际情况，她确定了“用德育润泽心灵，用文化引领行为”的管理理念，为当地学校培养出一支专业的教师队伍。

谈及坚守在农村教育中结出的累累硕果，于云霞微微一笑说：“我自己生于农村，长于农村，对农村孩子有一种特殊的感情，所以我更急于改善农村的教育环境，希望他们未来都能成为社会里最好的个人、幸福的公民和杰出的社会栋梁。”图 4-20 为于云霞在辅导学生。

图 4-20　于云霞在辅导学生

2. 创新改变，为学生成才添砖加瓦

“让每名学生都能绽放光彩”。

2021 年 8 月，于云霞再一次投身农村教育事业，担任南湖中学党总支书记、副校长。来到南湖中学后，于云霞首先对学校情况进行了摸底调查，了解到学校现状后她认为亟须解决的问题是：有些孩子对未来毫无期待，甚至拒绝上学；有些家长并不关心孩子教育，反而想尽快让孩子完成学业出去打工。

面对当时的状况，于云霞开始着手改变。为了让更多孩子受到更好的教育，她付出了千万倍的努力，无数次入户家访、谈心，千方百计地帮助孩子们找到了前行的方向和心灵的依靠。

虽然教育这些农村孩子并没有想象中的容易，需要付出百倍千倍的努力！但她从不气馁，“哪怕我能帮到孩子一丁点儿，哪怕我能让她感受到一丝温暖，我的付出就是有意义的。”于云霞说。她的暖心和爱心像春雨般无声地润泽着一个个幼小的生命。“于妈妈，我们爱您！”是孩子们发自内心的真挚爱意。

扎根农村，深耕教育，于云霞有扎实的专业基础和科学的管理能力。“她是一位有智慧、有能力、有情怀、有大爱的校长，她用一片真情温暖了师生，她是我们所有人的偶像！”谈起于校长，老师们这样评价她。在学校管理上，她善于从小处着手，但更善于从大处着眼，重要的事情她亲力亲为，她也善于调动班子成员与老师的积极性，深知握指成拳的凝聚力的重要性。

“去年南湖镇成为山东省第二批教育强镇筑基试点乡镇。”于云霞说，“我们立足师生的精神和文化需求，在全区构建城乡教育共同体、教研一体化的推动下，加强城乡校际优势互补和资源共享，强化心理健康教育、科技创客教育、体育艺术和劳动特色教育等，不断提高学生的核心素养，提升学校办学能力水平。我们持续建设智慧校园，逐步实现学生管理、教学实践、生活等各方面的智能化。”

“我觉得乡村振兴，离不开乡村教育振兴，只有让更多农村孩子绽放属于他们的光彩，农村才能欣欣向荣，这也是我一直坚守乡村教育这方沃土的原因。”于云霞说。

（来源：齐鲁晚报。有删改。）

于云霞：做好学生成长的引路人

“在这次党代会上，听了李干杰书记的报告后我很震撼也很激动。报告中数次提到了教育,包括落实立德树人根本任务,健全全环境育人机制,扩大普惠学前教育供给,全面落实‘双减’政策等,犹如教育界的一剂强心针,更加坚定了教育者的信心和决心……”6月2日,山东省第十二次党代会代表,南湖中学党总支书记、副校长于云霞回到工作岗位上,第一时间就把党的声音、大会精神传达给学校师生。

于云霞围绕报告中持续推动民生改善和共同富裕部分,针对教育提质行动,结合自己的感受,分享了日照教育走在前列所采取的一系列暖人举措,并对未来五年教育优质均衡发展新局面充满期待。

为了做好宣讲,让宣讲工作取得实效,于云霞做了充分准备,她引导广大师生把思想和行动统一到山东省第十二次党代会精神上来。她从树立远大理想、强身健体、磨炼意志、努力学习文化知识等方面鼓励学生顽强拼搏、勇敢前行,为做合格的社会主义事业建设者和接班人打下良好基础。从舍我其谁的豪气、开拓创新的锐气、敢于斗争的胆气等方面勉励教师们坚守“为党育人,为国育才”初心,当好学生成长的引路人。宣讲中,在场人员时而提笔记录,时而热烈鼓掌,时而交流互动。大家纷纷表示,此次宣讲活动帮助自己开阔了眼界,更好地理解了未来五年的教育蓝图,激励大家在各自工作岗位上,继续用“闯”的精神、“创”的劲头、“干”的作风,绘就乡村教育新图景。

时代不负奋斗者,砥砺奋进正当时。于云霞表示,自己将坚决贯彻落实好报告中相关工作部署和要求,以实际行动践行山东省第十二次党代会精神,持续开展党代会精神进校园、进班级活动,抢抓机遇,乘势而上,落实教育提质行动。以南湖镇作为山东省第二批教育强镇筑基试点乡镇为契机,进一步优化教育资源配置,激发农村教育的内生动力,努力打造乡村教育振兴先行区,凝心聚力为教育事业奉献智慧和力量。

(来源:日照日报。记者:田文佼。有删改。)

工作室成员的评价

一路指引，于途成长

王冰

作为一名青年教师，有幸加入您的名师工作室，我感到无比荣幸。加入工作室一年多的时间里，在您和工作室成员的帮助下，我在业务水平和教研能力等方面都有了一定提升。

加入工作室之初，您的人格魅力、严谨认真的工作态度以及不断探索进取的精神深深地影响着我。您是一位有极具教育情怀的好老师，更是我们青年教师成长道路上的引领者。

您扎根基层，深耕教育，始终致力于教育均衡发展，两度援疆，令人钦佩。曾有机会到您任教的农村学校南湖中学参加交流学习活动，深感农村地区教育发展之不易和您肩上担子之重。

学高为师，身正为范。“让每一个孩子充分享受充满生机的教育，带着梦想飞得更高更远，让更多的孩子走出农村，描绘自己的精彩人生”是您的教育追求。师爱如春雨，润物细无声，您用爱心浸润学生们的心田。

您在多年教育生涯中建构的专业知识结构精准完善，教育思想科学先进，有着自己独特的教育风格，不断帮助、带动我们青年教师。

作为一名青年教师，在工作之初，我以一名计算机科学与技术专业应届毕业生的身份投入初中信息技术教学中。在这一阶段，首先，我亟须将自身已习得的专业知识与具体教学实践进行结合，并学习如何巧妙地处理结合过程中所出现的各种矛盾和冲突。其次，由于对教材缺乏整体把握，我的授课过程和教学方法较为生硬，对课堂节奏和深度的把控度不够。

借助工作室的平台，我常常与各位名师进行探讨，在听评课过程中感受教风教态,在工作室的定期交流活动与课例研讨中体悟教育思想,在与各位名师的沟通学习中发掘成功背后的努力和付出。教学研讨使我能够深入挖掘、吃透教材上的许多重难点,并且有效吸收借鉴一些先进的教学方法与教学理念,提高对课堂的驾驭能力。

在您的带领下,工作室申请了省级课题“计算思维导向下的区域编程教学整体性发展路径研究与实践”,我加入工作室后的第一件事就是协助您撰写课题的立项申请书,并积极参与开题报告的撰写。在这一过程中,我收获了教学研究的快乐。

我刚入职时,由于没有读研深造,对于教育研究和论文写作的认识水平还停留在比较初级的阶段,也完全没意识到科研论文的重要性,感觉每天备课授课都是在重复简单的教书匠生活。

随着加入工作室,这种职业倦怠开始出现了积极的变化。为了完成自己的研究生学业,提高自己教学研究和论文写作的相关能力,我重新给自己设定了科研目标。在课题研究过程中,您有意识地引导我们将整个大课题的研究细化成各个分项,使得课题顺利推进。我作为青年教师,不仅收获了实实在在的教研成果,更重要的是有了更高的追求目标和更好的教研习惯。我从此告别了枯燥重复的教书匠生活,重新收获了思考和探索的快乐。我日后会争取更多教学研究的机会,留心观察身边的教育问题,养成勤思考、多研究的好习惯。

由于信息技术学科的发展很快,因此要求教师,尤其是青年教师树立终身学习、终身发展的教育理念,保持终身学习的良好习惯。

随着信息科技课程标准的发布,设计实施本学科的核心素养将成为信息技术教研的热点话题,这注定会引起新一轮的课程变革。作为青年教师,我们将以更前沿的学科知识武装自己,不断丰富自己,并跟上时代发展的步伐。

回顾加入工作室后的成长历程,感慨颇多。

一朝沐杏雨,一生念师恩。感谢您的帮助与引领,您丰富完整的知识体系、严谨的治学精神让我受益匪浅,您和蔼可亲、谦逊和善、积极努力,是我学习的榜样。

独行快，众行远。感谢工作室优质的平台资源，为青年教师提供如此宝贵的学习成长机会。感谢工作室各位成员的支持与鼓励，工作室轻松愉快的氛围使我能畅所欲言，分享自己在教学过程中的所思所想，大家共同研讨，共同提升。

感谢不断努力的自己，一直坚信学无止境，亦无所悔，也幸有所得。未来，相信在您的引领下，我们将不断进步，不断提升。

名师相伴，何惧未来

孔海燕

2020 年 8 月 29 号，一场盛大的名师名校长工作室启动仪式在日照市党校举行，激动的心情如夏天的天气般炽热。我作为莒县的一名信息技术教师很幸运地成为于云霞名师工作室的一员。

至今仍然清晰地记得自己怀着忐忑的心情踏进会议大厅，脑海中浮现出无数个问题，我将会遇到怎样的主持人，将会遇到一个怎样的团队？我何德何能成为这中间的一员？时光飞逝，来到您的工作室已经有一年多的时间，在这一年多的时间里我感受到了您的深厚底蕴和不改初心热爱教育的魅力，感受到了工作室伙伴们敢于创新、勤于实践、勇于探究的精神，还有工作室给我带来的希望与动力、支持与鼓励。这一年多来我收获了很多。

在我工作的 4 年里，信息中心的领导和老师们为我争取了各种各样的讲课、外出培训、参加各级教研活动的机会，让我能够汲取知识快速成长。虽然一直以来我觉得自己对工作充满热情，对教学也是很有责任心，但是我也慢慢感觉到自己在信息技术教学方面进入了瓶颈阶段，感觉有些茫然。我不知道该怎样优化自己的授课模式和教学方式，不知道该从哪些方面着手去接触新的领域。然而，2020 年 8 月底加入工作室后，您的思想理念深深地吸引了我，您说工作室就是传递光亮和温暖的那盏灯，是年轻教师快速成长的加油站，这正是我最需要的，非常感谢工作室成了黑暗中指引我前行的灯。我被名师们渊博的学识、积极进取的精神、超凡脱俗的人格魅力所吸引。他们每个人身上都有闪闪发光的地方，在他们的感染下我的职业生涯也有了更明确更高的奋斗目标,争取做一名有思想、有温度的人民教师。工作室让我们能够很好地锤炼思想,提高境界。

通过一年多的学习,我深深地感受到了您是一位治学严谨、教学理念先进、做事认真的人。您从自己的成长经历谈起,到对工作室成员的成长规划,从工作室的个人发展规划到工作室成员的每月学习计划,都为我们做了详细的分析和诊断。一年多来,您尽力为我们提供学习和研讨的机会,这让我感到您不仅是一位名师,更是生活中的一个姐姐,您鼓舞、指引着我。回望过去这一年多走过的道路,我仔细分析了自己的优势和面临的困难,发现了问题,找到了差距。学习先进的教学理念,积累教学经验,不断充实自己成为我生活中的重中之重。所以,我积极参加各类教研活动,珍惜每一次教师培训的机会,尤其是名师工作室的培训。外出听课和研讨,让我有机会学到更多的内容。记得陈聪聪老师讲的"垃圾分类新时尚——Python 用选择结构做出判断"一课,让我大开眼界,不禁感叹信息技术课原来如此有吸引力。过去的我讲课没有创新,仍然采用传统的方式,对学生的吸引力不够,学生学习的兴趣不浓厚,甚至有为了考试而学习的苗头。反观陈聪聪老师的课,新颖、有魅力,学生十分喜欢,而且更有利于培养学生的思维方式。王冰老师讲的"校园防疫——体温枪中的选择分支结构"一课,也让我收获颇丰,细节的处理非常细腻,课件和学案设计得美观、整洁。我觉得自己更需要豪情满怀地学习、反思、践行。

我不仅在教学上有很大的收获,在专业知识获取方面也收获颇丰。在学校里,我没有接触过论文和研究课题,甚至因为这些是自己的短板,而不敢去学习和尝试。我很庆幸能够在工作室里接触到这些。您带领着我们一步一步做课题,让我有机会看到、有机会参与。敢于探索陌生的领域,这应该就是我进入工作室后最大的收获。

任何实践都离不开理论的支持。进入工作室后,在您和其他名师的影响下我也开始培养看书、思考、查阅的习惯。过去,我总会为自己不愿意看书而找各种理由,进入工作室后您给工作室每个成员都赠送了有关教育、教学的书籍供我们学习研究。通过阅读这些书籍,我对信息技术学科有了更加清晰的认知,自己的理论功底也会随着一次次的学习、一次次的思想碰撞而逐步提高。有时对教学中产生的一些想法、疑虑等，我会自觉去书中或者通过其他渠道找找答案。我相信读书会慢慢成为我的习惯，我也坚信这个习惯将会让我以后走得更高、更远。我会用丰富的知识洗涤自己的心灵，用远见卓识沉淀自己的思想。

我们的工作室虽然成员不是很多，但我们是一个很温馨、很强大的团队，在这里我又可以像一名学生一样，体验学习的乐趣。工作室成员在每一次的探讨中都能碰撞出智慧的火花。在这样的团队中，我可以感受到浓烈的学习氛围，体会到被知识包围的喜悦。与名师交流，能够提升我的思想；与成员交流，能够有智慧的碰撞；与自己交流，能够静思不足。在这里，会有无尽的收获，会有全新的梦想。在这里，我们不避讳自己工作中遇到的问题和烦恼，因为可以通过一起讨论，消除困惑，彼此给予支持和鼓励；在这里，我们一起学习、一起研究、一起交流，共同提高，博采众长。

加入工作室，让我有了更多的机会与您面对面交流，每次交流我都感觉收获颇多。工作室的每一次活动都会为我的教学注入新的活力。在工作室活动中一路走来，我过得充实而精彩。在这里我除了学习到很多信息技术教学技能外，还收获了自信，这是使我教育生涯走向新高度的关键。接受一种新的思想，迈向一个新的高度。做教育需要一种不懈追求的精神，做教育需要一种坚定不移的信仰。感恩，我能有机会与您同行，我愿追寻着您的足迹，一如既往地在教育之路上攀登，无怨无悔地为教育事业奉献！

总之，工作室为我提供了一个具有高度的平台，让我站得更高，望得更远，思考得更深。在这里，我将不断成长……

成长

牟芳萍

您给人的感觉是一个在工作上尽善尽美，在每一个领域都全力以赴的人。您这种高度的事业心、强烈的责任感、饱满的工作热情和忘我的精神，是我们教师学习的榜样。

在您的带领下，我有幸参加了2021年“聚焦双减 强课提质”研讨活动，与经验丰富的老师进行思想上的碰撞与交流。您对老师的课例、汇报进行的点评和指导，既有科学的理论阐释，又结合实际做了细致分析，使我们对信息技术教学研究中的每一项问题有了更清晰的认识。

我是从大学转到中学任教的，您总是耐心细致地给我讲解大学与中学授课方式的区别，指导我如何抓住一堂课的重点，如何抓住中学生的“心”，如何在45分钟之内把课生动有趣地讲好。

时代在进步，技术在发展。信息技术是一门特殊的学科，想要教好信息技术这门课，就必须教到老、学到老。您一直在发挥领头人的作用，总是走在学科发展的最前沿，经常在平台上分享专家讲座，让我们及时充电，争取每天都进步一点。

我研究生时的研究领域是图像识别，每次和您讨论时，您总是能给我提一些高屋建瓴、富有专业性的建议。于是，在您的指导下，我开发了基于人工智能的“幼儿防走失系统——小区安全防护盾”项目，并把这个项目落实到课堂上。

2021年12月，在您搭建的学习交流平台上，我分享了参加工作室一年的成果。我从人工智能、教学设备、“人工智能+教学”、“人工智能+工作”四个方面详细阐述了对人工智能教育的理解以及基于人工智能的教育与工作经验。您提出了具有前瞻性、创造性的意见，让我受益匪浅。

总之，过去的一年收获多多，在未来的日子里，我会继续努力，提升自己的专业水平，为工作室献策献力。

成长路上，感恩有您

赵春华

2021年，我非常荣幸地成为工作室中的一员，回顾这段时间在您的带领下，自己在工作室学习和工作的点点滴滴，真是让人难以忘怀。在这里我体会到了收获的快乐和成长的喜悦。工作室的每一位成员都很优秀，大家在您的带领下倾尽全力做好每一次活动、每一次研讨，在这里大家一起学习，一起研究，各抒己见，交流感想，共同提高。通过一段时间的学习，我深深地体会到了“学然后知不足”，通过反思我总结了如下几点。

名师相随，感恩有您。“云霞出海曙，梅柳渡江春。”（杜审言《和晋陵陆丞早春游望》）我无意中读到这句诗词时，心底曾泛起一丝涟漪。诗句大意是：海上云霞灿烂旭日即将东升，江南梅红柳绿江北却才回春。说来也巧，您是我进入教师这个行业的领路人，于他人而言是名师，于我而言则是恩师。

经过一段时间的交流学习，您对工作的事无巨细，对学员的倾囊相助让我真正读懂了您的“人格魅力”——真诚、大气、平和。您从来不和我们空谈大道理，而是用自己的亲身经历和积累多年的教育教学经验，指导我们、启发我们、激励我们。无论在教学活动、课题研讨还是在做人做事方面都毫无保留地指导我们。每一次活动，您的风采和魅力都真实地展现在我们的面前，深厚的文学功底和文化底蕴，常常令我们感到敬佩，您不像是教授信息技术的老师而更像是一位资深的语文老师。在理论学习上，您要求我们多上网学习交流，又为我们购买了具有针对性、实效性的有关教育教学理论方面与专业理论知识方面的书籍，以供我们加强理论学习。在您的悉心指导和全体成员的共同帮助下，我在这个友善、团结、和谐、互助的团体中沉淀着、成长着。

敢于面对，积极投入。因为疫情的缘故，工作室的很多活动不便开展，您会想尽一切办法去弥补这个遗憾。工作室开展的每一次活动，您都会提前精心策划、高效安排。我印象较深的一次是在国家“双减”政策提出后，工作室开展的“聚焦双减 强课提质”活动，活动主题是“赏来路灼灼其华。谋前路其叶蓁蓁——‘聚焦双减　强课提质’于云霞名师工作室教学研讨会”。活动开展得井井有条，研讨得也非常热烈，效果很好。您从自己的成长经历谈起，到对工作室成员的成长规划，从个人发展规划到每月学习计划，从如何研究课题到如何收集积累资料，都为我们进行了分析、指引和规划。这一点对我来说具有很大的指导意义。

积累沉淀,提升魅力。通过参与工作室开展的几次活动,我对自己的成长有了全新的规划,开始以一个名师工作室成员的标准来严格要求自己。具体的做法如下。

我仔细分析了自己的优势和面临的问题,学习先进教育理念,不断地充实自己。我积极参加市里和学校组织的各类教研活动,珍惜每一次教师培训的机会,尤其是名师工作室的培训,其中有外出听课学习与本校听课,也有对某一专题内容的网络教研等。任何实践都离不开理论的支持,您要求我们有计划地阅读教育教学理念的书籍,如《点亮教育人生的灯:“教学主张”论》等,还有提高专业素养的书籍,如《计算思维与Python编程》《信息技术与课程整合》等。为了让阅读更深入,您要求我们撰写读书心得,将读书的体会和困惑与工作室成员交流。在您的指导下,这种交流成为一种探讨式的研究,使我们的个人素养得以提升。

关注细节,精益求精。您除了指导我们学习理论知识,占领理论的“制高点”外,还让我们深入课堂,让理论指导我们的课堂,要求我们研究自己的课堂,大胆地展示自己课堂,通过“学习—实践—反思—再学习”的过程不断地磨炼自己。您带领我们到工作室成员所在的学校,通过上课、听课、评课、开讲座等途径,开展课堂教学交流、研讨,让我们灵活、巧妙地驾驭课堂,进而形成自己的教学风格和教学思想。在市教研活动上,您更是为工作室成员争取晒课的机会,展示自我的机会。您认为课堂应成为工作室老师展示教学才能,彰显教学魅力的场所,同时认为教学后进行分析与反思、调整与再设计、积累与梳理也很重要。2021年我参加了“一师一优课”的评比,通过在参加工作室活动中积累的经验,我对课程精益求精、不断打磨,所提交的“语音识别——智慧餐饮”课例获市优质课一等奖,并被推荐到省平台晒课,获得省一等奖的好成绩。

温馨和谐,努力奋进。您的名师工作室是一个团结合作、温馨快乐的团队,很像一个小家庭。您就像一个大姐姐,精心组织策划每一次活动,让我们每一次都收获满满。每一次活动、每一次研讨都闪现着我们的智慧,每一次聚会都是我们互相问候、交流谈心、畅所欲言、相互学习的机会。在这样一个团队中,我能时时感受到热烈的学习氛围和学习思辨的快乐。与名师对话,时时提升着我们的思想；与成员对话，处处碰撞我们的智慧；与自己对话，不断反思与成长。在这里，有无数的欢乐和收获，有全新的梦想与激情。通过在工作室的磨炼，我也养成了善于思考和反思的习惯，比如参加活动后及时撰写心得体会，同时做课题研究更拓展了我的视野。

回首这段时光，我深感充实与快乐，内心充满感激，工作室不仅为我们自身素质的提高提供了很好的平台，也让我们在这个大家庭里互相学习、互相促进，找到自己前进的方向。在今后的学习工作中，我将继续学习、践行、反思，沿着学无止境、教无止境的方向前行，勇于实践，敢于创新，怀揣热爱教育、热爱学生的心，把我们的教育工作越做越好。在这个家庭里，我们找到了自己前进的方向，体会到了互助共进的热情，更领略了名师的风采。在和工作室各位老师的学习交流中，在工作室严谨、务实、求真的学术氛围里，我不断收获，不断成长。

来路心无悔，明日尚可期

孙晓会

时光飞逝，我加入工作室已有近两年的时间了。在此期间，我感受到了这个团队给我带来的欢乐与收获，让我在这个团队中成长。两年来我收获了很多，同时也看到了自身的不足，现将两年来的工作做出总结。

名师引领，方向指引。火车跑得快，全靠车头带。自从我坐上“日照于云霞名师工作室”这趟小火车以来，对这句话的认识就更加深刻了。您不仅是教育硕士，更是国家二级心理咨询师，从教二十多年来一直保持着学习和进步的状态，您学而不厌的精神一直激励着工作室的每一个人。

刚加入工作室的时候，我因为跟团队成员不熟悉，也因为自己不擅社交，因此没有积极地参加工作室的活动。您知道后并没有责怪我，而是在第一时间和我一起分析我在工作室该如何成长，我听后醍醐灌顶。在您的鼓励下我积极参加工作室的各项活动，如日照市初中信息技术教学研讨会、山东省信息技术“送教助研”活动、工作室教学研讨会等等。我还承担了汇总工作室活动内容的工作,我把每一期活动资料都分类保存,并记录好工作室成长过程中开展的每一次活动。

目标明确,催人奋进。我相信,每一个积极加入工作室的人都是想要发展的人,都是想要取得进步的人,都是想要在工作室贡献智慧并收获智慧的人,我也不例外。记得在2020年8月28日的工作室启动仪式上,您这样问我:“晓会,工作室里你是最小的,你的目标是什么?”我回答说:“于校长,我现在最大的目标和动力就是积极向工作室里的老师们学习,争取让自己也尽快成为名师!”或许这话听起来极为幼稚,毕竟成为名师并不是一件容易的事,但是我从未后悔那样说,因为我的目标很明确,就是向名师看齐,让自己早日加入名师的行列。

理论积淀,提升素养。2020年10月14日,在日照市初中信息技术教学研讨会上,曲阜师范大学传媒学院院长赵可云教授做了题为“STEAM教育研究现状与发展趋势”的讲座,候继仓主任就“信息技术教师的专业成长”方面做了科学的指导,满满的干货,让我获益匪浅。

2021年5月7日,工作室所有成员参加了日照市人工智能课程培训班,开阔了视野。

2021年12月17日,在“于云霞名师工作室教学研讨会”上,您为我们工作室成员分享了三本书,分别是《计算思维与Python编程》《信息技术与课程整合》《点亮教育人生的灯:“教学主张”论》,当时因为学校工作需要我已经改教英语了,但是我不想放下自己的“老本行”,一口气把这三本书看完了,其中《信息技术与课程整合》我之前看过一遍了,这是第二遍。由于时间关系没能对书中的重点内容进行细致研读,但我会利用好周末和假期的时间把它们当成我的“电源”,时刻为我充电。

听课教研,智慧共享。在工作室期间,学习内容丰富,形式多样,既能听专家讲座,又能听成员的示范课。回顾学习过程,既有观点上的洗礼,也有理论上的提高,既有知识上的积淀,也有教学技艺上的增进。两年来,我有幸多次听老师们讲课。

首先是在日照市初中信息技术教学研讨会上听了陈聪聪老师的“垃圾分类

新时尚——Python 用选择结构做出判断”一课。陈聪聪老师将生活中不易被察觉的事情作为整堂课的素材，体现着新课改的要求和趋势；讲堂生动，预设生成与动向生成相结合；目标完成度高，无一不渗透着新的教学思想和教学方法。课堂上老师特别关注学生在学习过程中所表现出来的情感、兴趣和个性思维等方面的互动，留给学生宽泛开放的思维空间，让学生真实地成为垃圾分类箱的设计师。

其次是在信息技术“送教助研”时听的牟磊老师的“用循环结构自动化计算”一课。他在讲到 range() 函数是怎样执行的时候，鼓励学生们上台跟他互动，将学生们带到 range() 函数执行的情景中去，是情景意义的真正建构者，进而使课堂成为学生主体成长过程中的重要场所，使学生的自主性、能动性和创建性得以不断发展。

最后是在于云霞名师工作室教学研讨会上听王冰老师的“校园防疫——体温枪中的选择分支结构”一课。王老师用当下最热的话题展开授课，在引导学生掌握好知识的同时又将校园防疫的主题升华，让学生们时刻做好防疫措施，保护自己。

每次工作室教研、听课、评课，我都能增长见解，颇有收获。有工作室这个学习成长的平台真好！

勇于实践，快速成长。刚加入工作室不久，我便迎来了工作以来第一次讲县优质课的机会，准备阶段我几乎每天晚上都要工作到十一二点，找素材、想教学环节、琢磨教学过程……磨课期间不仅请当时学校高中部的老师们帮忙听课，还联系工作室的哥哥姐姐们帮我完善教案和课件。在大家的帮助下，我的课程获得了优异成绩。

在 2022 年的全县信息技术中考研讨会上，我又讲授了一节示范课，得到了领导和老师们的好评。教研员冯涛老师在研讨会上这样评价我：“晓会的教案和课件做得很精致，但从我通知她讲课到今天正式展示，中间的准备时间很短，她不是临时准备的，我知道她平时上课一直会精心准备教案和课件，所以才能临危不惧。”

我从来不打无准备之仗,每堂课我都会精心设计每一个环节,尽量将全班同学都考虑到,做得快的同学,我早已为他们准备好了附加难题,做得慢的同学我会让小组长去帮助他们,尽量不让任何一位同学掉队。

积极反思,提升自我。加入工作室是我的荣幸,因为这里是一个思想的殿堂,是一个智慧的殿堂。在工作室一段时间后我才发现自己之前学得太少,读得太少,写得太少,反省得太少。古人云"学然后知不足",此后我会多看书,多学习,勤反省,让反省成为自己的习惯,只有做学习型的教师,才能不断提升自己,超越自我,使自己的工作更扎实、更有效、更完善!

名师引领促发展,同频共振以致远

牟磊

时光如白驹过隙,成长如嫩芽生长。2020年8月,我有幸能成为工作室的一名成员,在这两年的学习过程中,工作室为我的成长提供了机遇,各项教研活动使我视野开阔,和其他成员的交流让我受益匪浅这些都让我对信息技术学科有了更深入的认识,对信息技术教学有了更深刻的理解。

满载希望,扬帆起航。如何提高信息技术授课水平,如何迎接不断更新的知识体系,如何用更优化的方式教会学生,如何提升学生的信息素养,如何找到信息技术教学的快乐之源。作为一名已经工作快二十年的信息技术"老兵"仍有很多的困惑困扰着自己,而工作室的成立让我感到"风好正是扬帆时,不待扬鞭自奋蹄"。这里有领导的关怀,有专家的指导,有名师的引领,有团队的协作,风正一帆悬,我们起航了。

能成为您工作室的成员,这是您对我的信任和期许,更是沉甸甸的使命。名师是教师的表率,育人的楷模,学问的大家,教学的能手,我深知要成为像您这样的名师,还有很长的路要走,但成为教育名师是我们的追求目标。带着困惑与希望的我将在专家的指引下,在实践、研讨、创新中,采取更有效的方法,迈出更沉稳的步伐,走向更宽阔的教育之路。

找准方向，提升自我。方向比努力更重要。与于校长相处至今，您的卓资风华、内敛谦逊、幽默风趣、厚重大气令我深感钦佩，特别是您那些出口成章，蕴含哲理的话语总能让人产生深深的思考。您谈自己的经历：“从教26年，一直为自己非科班的出身而纠结，当年的中专生拒绝考师范而毕业后又选择了从教，冥冥之中，这就是跟教育的一种缘分。从站上讲台的第一天起，我就觉得我是如此适合又喜欢这个职业。我不再犹豫，不再彷徨，一直努力在三尺讲台上实现自己的理想”您还说：“我在一路学习一路歌，用一份激情和热爱执着地行走着。未来已来，未来还很遥远，我期待！”。诸如此类的话语无时无刻不影响着我，使我更加明白成长只有进行时，没有完成时，这些激励人心的话语为我的成长指明了方向。

不仅如此，您为了让工作室成员更高质量地发展，特邀专家候继仓主任和赵可云教授为我们指导。

候继仓主任具有渊博的学科知识和优秀的教学素养。候主任在教学技能、教学水平、课题研究和技术论文等方面给我们信息技术教师很大的指导，使我们在课堂和科研上有了全方位提升。

赵可云教授在STEM教育环境及政策、研究现状、实施策略、实践案例、发展趋势等方面有深厚的理论基础和实践经验，让我们开阔了视野，增长了见识，具有非常实用的借鉴和指导意义。

在您的带动下，工作室成员越来越勤奋、敬业、专业。与你们相处的时间我学到了很多，明白了很多……我很庆幸自己能够加入这个团队，在您的熏陶和感染下快速成长。

学会积累，提升自我。成长在于积累，进步在于反思，在名师的引领下，我们有了前进的动力，激发了自己的潜力，并勤于发现、总结问题，不断地学习、反思、沉淀，进一步提高自己。作为学校骨干教师，我深知自己肩上的担子很重，师德要模范、教学成绩要突出……在不断地学习中，我发现了自己的不足，积极利用空余时间学习先进经验和新的教育理念，充实自己，以便更好地进行教育教学实践。我积极地参与工作室的各种研讨活动，利用网络工具交流，遇到困惑及时咨询,寻找自己与他人的差距,快速地提升自己。在工作室的多次活动中,我跟随同行们学到了很多教学理论和实用技能,在参观学习中开阔了视野,为以后的发展奠定了基础。

学以致用,持续发展。“举一反三,学以致用,要学会核心要点,提升自己的信息素养”,我经常这样要求学生,并坚持把在工作室所学到的东西用于自己的教育教学中。学会反思,学会思考,学会磨课,时刻审视自己的得失,思考改进的策略,学习先进的教学理念和教学思想,把自己的所想、所思、所悟进行整理,与大家交流、探讨,学会交流与合作,将学到的知识应用到教学实践中。

“独木不成林”,我不仅严格要求自己、大胆实践,在平常的工作中,我也从不吝惜自己的经验,充分发表自己的观点,积极和同行集体备课,谈自己所获得的教学理念和对课堂教学的看法等。我相信只要我们一起不断努力,就一定能走出一条属于自己的育人之路。工作室不仅为我提供了提高自身素质的空间,也成为我们互相学习、互相促进的大家园。在这里,我们找到了自己持续前进的方向;在这里,我们体会到了互助共进的热情;在这里,我们确立了成为名师的奋斗目标。

立足三尺讲台,我们润泽着学生们纯洁的心田,实践着朴素而崇高的心愿,如随风潜入夜的春雨般催生学生们的理想之花,以名师为榜样,反思自我,发现自我,发展自我,成就自我。在今后的教育教学工作中,我将更加严格要求自己,努力工作,发扬优点,弥补不足,开拓进取,成为一名更加优秀的教育工作者。

师生眼中的校长

在教育的幸福路上，能得到师生们的信任和爱戴，我倍感温暖和感动，对我来说既是鼓励也是鞭策，更是我继续前行的动力。

有些人，遇见了才喜欢你；有些人未曾见面，懂你，也喜欢你。

（新疆喀什麦盖提县刀郎双语中学的陈小芳，是我在援疆期间的一个徒弟，通过师徒结对，我们结下了深厚的友谊。）

我和我的援疆师父的故事

麦盖提县刀郎二中　陈小芳

在中央对口援疆政策下，2015 年我有幸认识了我的师父——日照的援疆教师于云霞。她给我最初的印象是自信大方，那浅浅的微笑让人感觉心里很暖，一下子拉进了我们的距离。在后来的慢慢接触中，我发现，平易近人的她更是一位实干家。

于校长是刀郎双语中学教学四部的支部书记，兼任信息技术学科教师的师父。她工作很忙，但是无论什么时间，什么地点看见她，她都是干劲十足，精神饱满，她的这种工作劲头一直影响着我。在教学上，她从如何备课，如何设计一堂优质课，从点滴教起，从细微处入手，不断地给我指导和鼓励。她不仅在理论上指导我们，也经常以身示范。记得有一堂她的示范课，讲的是 Flash 形状补间动画制作，她以英文单词“family”为切入点，表达了“father and mother”撑起一个家，这样一个形变动画，除了动画生动有趣，对学生家庭情感教育也很到位。通过这样一堂课，我深深地体会到，信息技术课不光是对学生知识技能上的教育，在教学中渗透的情感教育也很重要。还有利用 Word 软件制作电子报刊，主题为“光盘行动”，通过有趣的教学设计，让同学们既体验到了学习的快乐，又懂得了珍惜粮食。这样的课例还有很多，她在教育教学中无处不渗透着德育教育，这让我深受启发。这才是一名优秀的教师。

作为一名信息技术教师,我需要不断提高自己的业务能力。信息技术是一门综合性很强的学科,除了对教师软件专业知识要求很高,在硬件管理上也有较高的要求。比如上信息技术课,学生到机房实践是很重要的,作为信息技术老师,起初,我对机房维护一窍不通,机房电脑一出问题,我就无法在机房正常教学,这让我很苦恼。于校长是个细心的人,她虽然每天很忙,但还是发现了我的苦恼。她主动找我,手把手教我怎么样做系统同传,怎么样使用控制软件等。

记得第一次跟于校长一起维护机房时,一干就是好几天,晚上干到深夜 12 点或凌晨 1 点,问题没解决就不下班,一个问题一个问题地突破,她的这种钻研精神深深地打动了我。同时她的这种面对难题不退缩、不放弃的韧劲,又树立了我对这个专业的信心。后来于校长跟我说,这种机房维护的基础性工作,她已经有很多年没干了,但是为了帮我解决这个难题,她耐心且毫无保留地帮助我。她的工作态度和奉献精神一直影响着我,鼓舞着我,指引我一路前行。

于校长不仅在专业上给了我很大的帮助,在精神上也一直指引着我执着前行。她在第二次援疆期间,全面托管刀郎双语中学教学四部,每天她都第一个到办公室。我们到办公室时,总会看到精神饱满的她早已在那里工作。在学校管理上,提高教育教学成绩和规范高效管理,是她力抓的两件大事,在她的引领下,各部门各司其职,协力合作。为助推教师专业成长,她积极为教师创造条件,搭建成长平台。在她的组织下,学校开展了援疆教师示范课、骨干教师优质课、青年教师展示课、优秀教师和优秀班主任经验交流等活动,各项教研活动也扎扎实实开展起来了。通过一年的努力,刀郎双语中学教学四部的成绩位居全县中学之首,学校管理也规范有序,同时她还培养出了一批有干劲有能力的学校中层干部。

同事们都说,于校长就像一束光,既能照亮自己,也能照亮别人;她不是一个人在前进,她是引领感召着一群人在前进。工作再忙再难,她从来没有皱过眉头,总充满自信,主动出击,迎难而上。于校长的援疆工作虽然结束了。但是她带给我们的先进经验和工作精神一直影响着我们,每当我工作懈怠的时候,她那如春风的笑脸就浮现在我眼前，我一下子就有了动力。有幸与于校长相遇，从她身上我学习到了很多。她对教育的热爱和情怀，引领我更加专注于教育事业，我会像她一样执着地追求下去，以实际行动诠释担当。感谢于校长的大爱和无私奉献，借此机会，我真诚地道一声感谢。

（山东省日照市实验中学张文，一个成长中的青年教师。通过工作中的接触，我能生动地感受到这个年轻的教育人在不断地走向成熟。他们让我觉得自己在引领青年的成长中发挥价值，让我感受到教育人接续奋斗的脉络和鲜活的生命力。）

斯人若彩虹
——写给最亲爱的“女神”姐姐

初见于校长是在一次学校宣传队伍专题会上，于校长作为分管新领导和各科室人员见面。类似的会议已经开过很多次了，往往是领导提要求，落实无回音，我一开始兴致缺缺。但是于校长的发言让我眼前一亮，心想这个领导懂行。

一直在人际关系中处于被动的我，莫名地变得主动了，我破天荒地给于校长发了一条微信，表达对她的喜爱。于校长身上似乎有一种魔力，激发了我尘封已久的潜力，点燃了我不甘平凡的小宇宙。遇见她，甚觉上天厚爱。如今提笔诉说感受，唯有一句：斯人若彩虹，遇上方知有。

1. 春兰葳蕤

一段时间的工作和生活上的接触之后，我总在感慨，怎么会有这么厉害的人。她履历中的公开课一等奖，市优质课一等奖，省优质课一等奖，全国优质课一等奖，“日照名师”，一行行小字彰显着她在业务上的追求。她不止一次地告诉我，做老师一定要有业务能力傍身，有业务能力才有底气。

她曾笑着跟我讲述自己参加全国优质课时的经历，身在新疆边陲资料匮乏，时间紧张，参赛压力大——那些我们细细想来几乎无法战胜的困难，在她看来都不过是小问题。

也许是自己淋过雨，深知一个教师成长过程中的艰辛，她对青年教师的提携和帮助总是不遗余力。每每听她说起什么时间带了几个徒弟考上了教师编制，已经在哪儿工作几年了；每每听她说起工作室的小姑娘怎样怎样优秀，又有了哪些成绩。她如数家珍的样子，她骄傲自豪的表情，总让人不自觉地对那些在成长中遇见她的人产生一种羡慕之情。

遇上她时，她已是“日照名师”，如葳蕤的春兰，灿烂绽放，馨香惹人。

2. 皎洁秋华

工作上的第一次接触，是编辑制作微信公众号推文。就像是每一场刻骨铭心的爱情都有一场瓢泼大雨来见证一样，我与于校长的第一次亲密接触，始于2020年的第一场雪。

那是日照近几年来下得最大的一场雪，为保证安全，学校给学生放假了。我在这样的一个雪天接到了于校长的消息：你能否写个简短的小诗？我去拍几张照片，发布到微信公众号上。

接到于校长的任务，加上担心班里放假前的工作，中午时分，原本在外培训的我冒雪返校。

当处理完班级事务，整个校园趋于静谧。我端坐在电脑前，细细地欣赏于校长的摄影作品。那一刻，我相信美与美是可以相互激发的。我从键盘上敲出的文字，是完全不加思索的纵情表达。我对这个校园，对这场雪充满了情谊。

彼时的我已有不短时间的运营公众号的经历了。以前我总心有不甘，因为没有人会懂得照片是怎样一张一张处理的，没有人在意版面是怎样一点点调整的。当我把临时链接发给于校长后，我没有太多的期待，不过如以前一样，完成了一项工作。

“最后祝福2021年的照片在压缩文件里。”

“把题目再改一改。”

“这张照片也放上，孩子的笑脸我很喜欢。”

“把这张放上，写上我们的教师团队如何？”

“这张图片放到文字前面如何？”

一次一次地建议，一点一点地调整，细细地审，认真地看，我第一次觉得自己编辑制作的推文可以称得上是作品。那时的我怎么也没想到，编辑制作一篇推文，一个副校长愿意陪我反复修改四五个小时。

《雪落成诗，到诗中校园里走一走》这篇推文一经发布，创下了当时学校公众号发布文章的点击量新高，也揭开了我和于校长的缘分序幕。

在越来越多的工作接触中，我越来越感受到，她是止于至善的领导，她是目标明确的领导。她善于调动，她长于协调，和她共事的半年时光，她如秋日里皎洁的桂花晶莹明亮，清香远飘。

3. 本心草木

2021 年的 8 月，她为了教育优质、均衡发展再次选择回到农村，这个农门出身的铁娘子，为自己的教育生涯再挑一次重担，为乡村教育振兴再尽一份力量。

她的经历其实原本就够丰富了。一年农村支教，作为教务工作的负责人，她把城区学校信息技术教学的理念和路径成功培植在了农村的沃土。两次援疆，她从信息教学的骨干名师，干到了一个托管学部的副校长。她作为援疆教师代表在山东省委党政代表团在新疆调研对口支援工作座谈会上发言，这些荣光，是她用多少个夜晚的展望与思索，多少个清晨的耕耘与奋斗，多少心血的浇灌和付出才赢得的。她一定有过辛酸和苦累，但她毅然向前。

而今，她又扎根农村教育。在她的领导下，学校发生了日新月异的变化，赢得了社会各界的赞誉。每当看她笑着谈起，刚接手这所学校晚上睡不着觉，笔记本就在床头，想起什么事情就赶快记下来时，我就在想，山东省第十二次党代会代表、山东省三八红旗手等这些荣誉都是她辛勤与真心付出的累积。

“欣欣此生意，自尔为佳节。”于校长总能点燃老师们的热情，总能找到学校发展的方向，总能让人相信教育和她人格的力量。有她的地方，方法战胜困难，逆境塑造希望。

以上，聊表万分之一的敬意与爱意。

（我自己也不曾觉得我有那么大的影响力，但有人在悄悄地关注我、倾慕我。

南湖中学的安迪老师,原来未曾见过我时就很喜欢我,是缘分让我们拥有了真正的遇见。

安迪老师是一位执着的人,辛勤耕耘,默默奉献,努力向前;她是一个有爱的人,温暖如春。我喜欢她的执着奉献和朴实真诚。她给我的书信里真诚地讲述着我们的故事。)

世界这么大还是遇见您

南湖中学 安迪

您从城而来,有才有爱,教育的智慧与爱的情怀深植于心;您立足农村,深耕教育,让教育教学管理提升出彩。

您勇挑重担,推动教育均衡、优质发展。无限敬业的您,敢想敢干,高瞻远瞩。

您不断创新,战胜困难,使学校向着更美、更高、更远发展。您带领这群可以发展,应当发展,能发展的教师,走向美好的明天。您推动这所可以规范,应当规范的学校走向美好的未来。

您是灯塔,照亮我们前进的方向;您是偶像,温暖着我们的心房。您是我们南湖中学大家庭的领头人。

清晰地记得,南湖中学人与您相识于2021年8月21日。会场里,老师们都在等待着新校长的到来。翘首期盼中,一位笑容满面、美丽大方的年轻校长迈着轻盈的步伐走来。

您开口的那一刻,清脆的声音里传递出一种神奇的力量,温润人的心灵,催人奋进。您做了简单的自我介绍,并给予老师们真诚的寄语。大家都在小声称赞,您给大家的感觉如此美好。

温暖、自信、气质非凡的您吸引了大家,更吸引了我。我内心激动起来,在会议本上书写着您的名字,在心里反复默念着您的名字,更为激动的是,这个名字我太熟悉了,原来您就是我未曾见面但心中一直崇拜的人。

再仔细看您，对了，就是您！您的声音和笑容我是如此熟悉。

记得2020年，您做客日照电视台直播间，介绍学校的甲骨文文化，您大方从容又精准形象地介绍着那些舞动的文字和学校开设甲骨文校本课程的情况以及你们取得的成绩。喜欢篆刻的我，心生敬佩，所以对那期节目回看了无数遍，被博学多才、气质优雅的您吸引，心里总有一种想认识您的渴望。您的名字就这样印刻在了我的心中。

2021年6月，在山东省最美教师评选的平台上，在众多名字中，您的名字很快映入我的眼帘。我赶紧阅读您的事迹，您德才兼备，有深厚的教育报国情怀，舍小家顾大家，执着进取，成绩卓越。“最美教师”，您当之无愧！

我内心更敬佩您了。虽然您不认识我，虽然我们没见过面，但不影响我对您的崇拜。

2021年8月21日，您来到南湖中学的这一天，这个真正见到您的日子，我怎么能忘记呢。

优秀的您来到南湖中学，开始为南湖中学的发展倾力奉献。

为了师生成长和学校的发展，您加班加点，没有节假日，废寝忘食地工作。

您视野宽广，有先进的教育理念；您重视学校的文化建设，对这所农村中学做了深入调研和长远发展规划。您规范了学校各项管理制度，改善提升了学校的教育教学环境，积极营造崇德尚美的文化氛围。在您的管理下学校更美了。

仁者爱人，说的就是您这样的人。您有渊博的爱，对老师和学生都很关心。

您每天到班级里去，鼓励学生积极进取。您耐心细致地关爱顽劣、特殊的孩子，面对同一个孩子千百次，您也不厌其烦。您不放弃任何一个孩子，以身作则，不管刮风下雨坚持进村入户家访。

面对困难学生，您极力给他们关爱，您为学生流过眼泪，给他们温暖的拥抱，给他们打饭，资助他们，辅导他们学习，带他们去您家……把学生当成自己的孩子，太多太多这样的爱，大家看后都很感动，您却觉得自己做了一件件很平常的事情。很多孩子在您的执着努力下，发生了很大变化。

您同样给老师温暖和力量，帮助老师成长。您和蔼可亲，关心大家，解决老师们的急难愁盼。在老师遇到困难时,您总会给予精神上的安慰和鼓励,并想办法提供帮助。大家没有了畏惧,得到了更多的希望和力量。

您敢于担当,总是千方百计地给予老师们底气和勇气。而且为了教师专业成长,您多方举措,为老师们积极争取机会,搭建成长平台。在老师们遇到困惑时,您会坚定地告诉我们,梦想总会如旭日一样东升,学校定能蒸蒸日上。

您是我们的领导,又像我们的亲人。您爱着师生,爱着教育。

您工作很努力,也很辛苦,每一天都是如此。记得您说过,您晚上有时候就睡几个小时,经常起来写工作笔记。我观察到,您白天的工作时间也没有缝隙,上课、开会、处理事务等等,一直在忙碌。就算是吃饭时间您也不闲着有时在工作、有时在和老师谈心、有时在接待家长、有时在等学生、有时在为学生辅导功课……您顾不上吃午饭、晚饭是经常的事情。多次提醒您记得吃饭,可您工作起来就忘了,您的世界里全是师生和学校,希望您以后能分点时间给自己。

您的敬业精神和超强奋斗力,让人敬佩的同时又心生疼爱。我们不想让您这么辛苦。

您诚挚的情感,全部浸润到您热爱的教育事业中。

在相处中,愈发了解您、敬爱您,也为自己在农村中学遇到您这样有魅力的校长而感到幸运。

深入了解您的事迹后我感动得泪流满面。曾经,您的父母身体不适,女儿也需要您,可是您依然远离家乡、远离亲人,去支援边疆。您说过是父亲的支持给了您动力,是父亲的党性修养影响、指引着您。现在,您又来到农村,明知辛苦,还是选择为南湖教育奉献自己。

您智慧超群,雷厉风行,工作能力强,办事效率高。工作中的您如同求学时的您那般优秀,上学时您聪敏好学,成绩优异,独占鳌头。工作中,您也是如此,精准、干练、高效,凡事都要做到最好,总能把工作做得尽善尽美。在您看来,再大的困难都不是困难,再远的路程都不再遥远。从您身上我们能学到很多。

您坚守教学一线,始终热爱您的课堂!身为校长,日理万机,但您从不会耽误给学生上课,您的课堂成为学生最爱的课堂。

有时您连续上三节课，课间也不回办公室，直接在微机室里辅导学生。学生都是特别喜欢上您的课。您上课的内容、形式新颖，引人入胜。有您这样的老师，他们满脸的自豪和骄傲！

您负责初三年级的信息技术教学工作，带领老师们研究学业水平动向。作为日照市信息技术名师工作室主持人，您依托工作室引领老师们成长，亲自带着老师们进行教学研究。

出类拔萃的您是同龄人中的骄傲！更是我们的榜样！

您卓尔不群，魅力无限，深深地影响着我。我满载着这崇拜，更加快乐地工作。

生于教师家庭的我，骨子里也有很真实的教育情怀。没遇到您以前，热爱教育的我工作充实，无论面对什么条件都踏实工作，当了二十年班主任，酸甜苦辣各种滋味都品尝过，我在坚持中一路寻找，努力向前。我在执着前行的教育路上总有深深的期待，说不清楚在等待谁，能等到谁，但一直在等待！

我等到了！等到了我的偶像！遇到您之后，我不仅工作更充实了，更多的是能享受到从事教育事业的幸福感。

您吸引、激励了我。每一天，我都在快乐地工作着，工作成了一种享受。我喜欢多承担一些责任，面对自己所负责的工作，全力以赴去做，为了更好地胜任工作，我在不停地努力学习。

学校的新媒体宣传的工作时间不固定，常需要加班加点。我家孩子年龄小，需要照顾但我尽量克服困难，竭尽全力专心干好自己的工作。

学校放假了，但宣传工作不能停，我忙着宣传学校的真善美；学生放假了，身为班主任的我，为了学生们的健康成长依然每天坚持主动和家长、学生联系沟通。虽然忙碌工作上的事情会减少陪伴孩子的时间但我从没觉得工作是负担，也不怕累，反而觉得日子充实且真快乐！

我喜欢努力工作，喜欢追求美好，有勇气奔向前方。我想这就是榜样给自己的神奇力量！虽然有时候身体会累，但精神上丝毫不累，因为有您给我们指引。

刚接触新工作时我有些应付不过来，但您从来没有嫌弃过我，总是鼓励我。

我感觉到了您关爱的温暖,每一次我都收获满满的感动和幸福,这感觉催我不断进步。

每次生活或者工作中有困惑,在您的安慰和帮助下总会很容易解决。每一天听到您的声音都是一种幸福,只要您在学校,我即心安。有您在,我的心中就有了力量和方向。

您为我提供了强大的精神动力,让我体会到了勇于前行、执着工作、热爱生活的幸福感。感恩遇见了您！将汪国真的诗《感谢》送给您,以表达我的感谢。

让我怎样感谢你？

当我走向你的时候,

我原想收获一缕春风,

你却给了我整个春天！

让我怎样感谢你？

当我走向你的时候,

我原想捧起一簇浪花,

你却给了我整个海洋！

让我怎样感谢你？

当我走向你的时候,

我原想撷取一枚红叶,

你却给了我整个枫林！

让我怎样感谢你？

当我走向你的时候,

我原想亲吻一朵雪花,

你却给了我银色的世界！

感恩遇到了您！您是我生命中最美好的遇见！

因为喜欢您,我自己总想做诗人,想用诗来表达您的无限魅力。

我想真诚地赞美您,赞美您对教育理想的不懈追求,对教育事业的真情奉献！

在教育的世界里，您一“键”一“盘”传授课堂魅力，一朝一夕关爱学生点滴，一言一行感召老师前行，一心一意只为培育桃李，一痕一迹都能闪耀光芒。

您是实干家！您是真正的教书育人楷模！您有深厚的教育报国情怀，有高远的境界，有渊博的爱！您才华横溢，智如泉涌，能力超群！

您的到来，给学生送来了温暖，给老师带来了力量，给学校增添了新姿！

您无论在什么地方，都会闪闪发光，给人传递正能量。

您给大家带来了无限的温暖与蓬勃的希望！

世界这么大，遇见您何其有幸！

其他老师眼中的校长

我的信箱里经常会收到老师们的信件，这些简短的信件里蕴含着深深的敬意，很让我感动。

邵老师：于校长，您既有女性的细心与温柔，又有男性的果敢与格局，涉猎知识广泛，熟悉各部门的职责，既懂技术又懂人心。很喜欢您！

张老师：于校长，您干练，执行力强，坚定果敢，务实担当，是我们的偶像。

张老师：您是个聪慧、实干、顾全大局的人；有政治高度，做事要求严格，一丝不苟，干净利落，追求实效。您是我们的榜样！

尹老师：于校长，您有魄力，有爱心，有热情，真正为老师和学生着想，用自己的人格魅力去感染和影响身边的人，是我们青年教师学习的榜样！

付老师：我心中的于校长，平易近人，可敬可畏。办公室谈工作，您沉稳干练，坚决果断，雷厉风行，让人敬畏；校园里碰面，您传递给大家的笑容，如春风拂面，让人心情愉快；茶余饭后谈心，您如长姐，如益友，如良师，让人有如沐春风之感。学生眼中的好老师，老师眼中的好领导，这就是最真实的您。

山水万程，感恩相遇
刘淑梅

你是人间四月天
郑学彩

学生眼中的校长

在教师节期间，学校调查、了解了孩子们最喜欢的老师。有些学生很喜欢我，在此分享一下孩子们的真情表达。

安文倩：校长和蔼可亲，跟我们说话像朋友一样让人不紧张。她讲的课也很吸引人，在学校管理上也有新意。

郭佳：于校长是一位特别负责任的老师，关心学生，能力特别强，各方面都很好。我很崇拜她，尊敬她。

司思：校长长得很漂亮！美丽大方！和蔼可亲！平易近人！很关心学生，像妈妈一样！

张晓萱：最喜欢于校长，校长为我们学校打造了良好的环境。

盛乐乐：她是一位非常好的校长，让学校在各方面都上了新台阶！

盛伯纯、盛子涵：最喜欢于校长。校长很负责，经常到教室，对学生关心入微，学生请假没来她都清楚原因。以身作则！和学生一起跑步，是我们的榜样！

朱峻娴：她像亲人一样，对我们非常关心！像朋友一样，和我们一起玩！她的授课方式是和我们一起讨论，让我们深入理解，善良！友好！教课特别认真，对学生特别好！

郭琦、王宁：她让学校变美了！她和蔼可亲！我们喜欢她的课！她每天和学生一起跑步，是我们的榜样！

刘学正：您关爱的笑容里流露着对我们的肯定，您为南湖中学更辉煌的明天而努力着。你温柔的话语，无不在鼓励着我们，这就是我们敬爱的校长，我们的“于妈妈”。

安晓玥：亲爱的于妈妈，我想对您说，感谢您的栽培，让我在初中的时光里学到了许多优秀品质。您就像一位母亲一样保护着我们，像园丁一样照料着我们。我们想对您说：谢谢您！

万子齐：在我心中，于校长是一位优秀的教师，是一个优秀的领导者，也是一位知心的长者。她以身作则，和同学们一起在操场上晨跑；平常同学们向她问好，她也会亲切的回答；她关心大家，是同学们心中的“校长妈妈”。

刘泽龙：校长，您是美的耕耘者，美的播种者。是您用温暖的阳光普照着我们，用雨露滋润着我们。

王菲：于校长在我心中像母亲一样，她很温柔，像一束光照耀着我们，温暖着我们，她做事认真、严谨，是我们的榜样。

刘明泽：于校长的爱如太阳一般温暖，春风一般和煦，清泉一般甘甜，她为了学校无私地奉献着！

李深奥：于校长对待工作一丝不苟，特别平易近人，和蔼可亲，像妈妈一样想着学生、呵护着学生，是我们喜欢的“于妈妈”。

殷涵韵：于校长是学生人生道路上的领路人，是有爱心的妈妈，用爱心呵护我们的心灵，用行动陪伴我们成长。

王庆颖：“捧着一颗心做教育”，说的就是我们的于校长。我第一次见于校长是在信息技术课上，她穿着一件蓝色衣服，我在想，什么时候来了这么美的老师，原来她是校长。于校长讲课时很温柔，她的课我们听得最认真。很有幸在中学时代遇到了于校长。

李鹏宇：我是一名2021级的学生，有您这样的校长，我们感到幸运，我很喜欢您。第一次见到您时，我曾认为您也会像其他校长一样，不苟言笑、不容易接近。但当听到您讲话时，这种想法就彻底改变了。您和蔼可亲、平易近人，我们沉浸在您的讲话中，就像沐浴在春光照耀下的河流中一般。令我特别难忘的是，您从济南开完山东省党代会回到学校时，我们全体师生起立鼓掌，热烈欢迎您回家。您见到了我们也很激动，您讲了很多，您对我们的亲切关怀感动了我们，那时我心中充满着一种振奋人心、倍受鼓舞的力量，这种力量驱使着我在以后的日子里努力奋进。

“于校长就像我们的妈妈一样，我们都喜欢叫校长‘于妈妈’”这句话我感同身受。是啊，您像妈妈一样。我想，这大概是所有您的学生共同的感受吧。最后，祝您教师节快乐！

赵菲：您是我们的榜样！如果把您比作一束光，那么我们就是追光少年。我们一定会听您的话，好好学习，报效祖国！教师节来临，我想对您说："于校长，我喜欢您！祝您教师节快乐！"

牟欣怡：您是我的老师，也是我的第二个母亲"于妈妈"。我敬爱您，您坚毅刚强，带着春丝般的柔情，您像冰心散文中的荷花母亲一样大爱而温柔。您像周敦颐笔下的莲花一样正直而高尚。您如春风般温柔，夏阳般热情，秋霜般稳重，冬雪般纯洁。我们喜欢您！在属于您的节日里，祝您安康，桃李满天下。

张凯智：校长，您好！我很喜欢您！您是我见过最好的校长，您为我们做了太多太多。您兢兢业业，不辞劳苦，一直在为我们创造更好的学习和生活条件。我们很感激您，不过您也要多休息。祝您身体健康！

郭玉洁：您的到来让我感到了无比荣幸与自豪。您为我们做的点滴都深深地刻在了我们的心里。虽然您来南湖中学的时间不长，但是您做的事却一点儿都不少。您付出的心，付出的力我们都看在眼里。最爱的校长，祝您教师节快乐！

王诺：校长，您好！我特别喜欢您！您非常关心我们，您总会引导我们积极向上。记得我们刚刚升入七年级时，在开学典礼上，您就为我们每个新生精心准备了朱光潜的《致学生的一封信》这本书，在上面您亲笔写下了"天道酬勤"的寄语，给予了我们学习的力量。感谢您！祝您身体健康，工作顺利，教师节快乐！

第五辑

重之以修能：我的成长经历

少年梦想：20世纪90年代的中专生

20世纪80年代初至90年代末，有那么一批素质优异的初中毕业生，为了实现离开农村这一朴素的愿望，报考中专，成了国家包分配的中专生。考上中专，户口迁出农村，毕业后由国家分配工作，这在当年的农村，就犹如范进中举，轰动一时。在这样的环境下，成绩优秀的孩子幸运地进入中专学校学习。而考不上中专的孩子，怀着一种失落的心情去读高中，毕业后考上了大学。那些优秀的中专生，被一纸中专文凭约束在了最基层。

我就是其中之一，1992年，我以数理化近乎满分的优异成绩考入中专。在我填报中考志愿时，老师们产生了两种意见，一种强烈建议我上高中，以我的成绩，不上高中太可惜了；另一种支持我上中专，先吃上"国库粮"再说。对于我这个没有离开过农村半步的学生来说，老师的建议、父母的意见至关重要。父亲说，还是报考中专吧，想学习的话，在学校里可以自学呀。就这样，我选择了中专，而在选择中专学校时，父亲尊重了我的意见。

在当初那个年代，没有离开过农村的我，想看看外面广阔的世界。记得在我上初一时，父亲曾带着母亲和妹妹去青岛出差。父亲对我说，你好好学习，以后走出去，自己想上哪就上哪，有的是机会。这句话深深地印在了我的脑海里。为了能出去看看外面的世界，在报考志愿时我坚决不报考日照的师范学校，尽管当初报考日照的师范学校学费全免，国家每月还有生活补贴，几乎不用家庭出资。就这样，我报考了当时在全国招生的"铁老大"——吉林铁路经济学校。

普通的中专学校是三年制，而吉林铁路经济学校是四年制，包括两年高中课程和两年专业课程。在这儿学习的四年，是我对自己重新认识与定位的四年。四年里，我的学习成绩稳居前列，年年获得一等奖学金，被学生们戏称为"大神"；体育场上有我跃动的身影，100米赛跑、200米赛跑、跳高、跳远……我在初中体育队里打下的良好基础，让我在各种体育赛事中光彩夺目；在同学们的鼓励、推动和包装下，我还登上了学校歌咏比赛的舞台，演唱的歌曲《我不想说》成为我永远的记忆。全方位、高质量发展的我，被推荐为学校的入党积极分子。

这些耀眼的光环，给我增加了自信并助我成长。教育就是这样，需要被发现、被鼓励、被肯定。

“想学习的话，在学校里可以自学呀。”父亲当时说过的这句话，加上当时的我并不甘于现状，入学后没多久，我就报考了专科自学。三年之后的1995年10月我拿到北方交通大学现北京交通大学的专科毕业证。

因我的专科学历比中专学历取得的时间早，我工作若干年后上级部门进行档案核查时，我还因此回到吉林铁路学校开证明，以证实我的专科学历是真实的。

成长引路人：我的父亲母亲

父亲：我信仰的灯塔。

1972年父亲高中毕业后就被当时村里的老村支书看中，回村当了一名村干部。1974年父亲被抽调去参加“农业学大寨”工作队，1977年结束后父亲被安置到日照县第一机械厂工作。同年国家恢复高考，是回村、到机械厂还是参加高考？父亲做出了选择，回村继续做一名村干部他在平凡的岗位上一干就是一辈子。

父亲的一生是平凡而又闪光的一生，我和妹妹在他深沉而无私的父爱里茁壮成长，在他强大而坚定的信仰中无畏前行。

1992年我以优异的成绩考入了吉林铁路经济学校。20世纪90年代初交通并不发达，绿皮火车成为我主要的交通工具从家里到吉林上学，我需要乘坐两天两夜的火车。那时候买票靠“排”。火车票开售的前一天下午就去火车站排队，排一个晚上才能买到第二天早上开售的车票。上车靠“爬”。北上的火车人山人海，像我这样的中专生，需要在师哥师姐的帮助下，连推带拽地艰难爬上车。座位肯定是没有的。行李架上，座椅底下都是人；站在车厢过道里，一只脚抬起后再落脚就困难了，站着睡觉都不担心会倒，满满当当的全是人。

我考入吉林铁路经济学校的第二年，妹妹考入了体育院校。在那个年代，一个农村家庭同时供应两个孩子在外上学，其中艰辛可想而知。吃的穿的就不用说了，单是学费，东家借、西家借，就让一向骄傲的父亲低下了头。大伯们劝父亲，女孩子终归是要嫁人的，上学有什么用，放弃吧。但是父亲却不这样认为，男孩女孩都是我的娃，只要孩子想读书，无论如何我也要供。就这样，我和妹妹成为当时村里乃至镇上，令人羡慕的于家两姐妹。

求学的路是充满希冀和向往的，但父母供应两个孩子读书的路却是艰辛和漫长的。1996年父亲的坚持终于有了收获——我和妹妹学有所成，同时成为教师队伍中的一员。工作以后，我也时常出差。高铁时代，网上购票，座椅舒适，环境宽敞，服务周到；密闭的空间再也听不到“咣当咣当”的声音了。但每次坐火车，我总想起火车与车轨“咣当咣当”的碰撞声，想起我求学时乘火车的点点滴滴。这让我切身感受到祖国的发展与强大，我也一直铭记父亲的庇护与深情。我很幸福，成长在父爱里；我很幸运，生活在新时代。

2004年在父亲的鼓励和感召下，我也光荣地加入了中国共产党。2015年我第一次援疆，面对父母身体的各种不适，我犹豫了。但父亲的一席话坚定了我前行的脚步，“组织这么信任你，给你机会你就去，到祖国最需要的地方，好好干，不要辜负组织的信任和期望！”我带着这份嘱托，全身心地投入援疆支教工作中。由于对远方的牵挂和不舍，2017年我再次援疆，父亲给了我一个大大的赞，“好儿女志在四方，俺闺女巾帼不让须眉，我要是年轻，也去援疆！”这就是我的父亲，一个平凡而伟大的父亲，他用沉重而细腻的爱温暖着我前行，在我疲惫时，给我力量；在我迷茫时，给我方向，让我走得坚定而有力。

两年半的援疆生活，我实现了当初的理想和目标，先进的教育理念和方法在南疆大地开花结果。虽然现在已经回来两年多了，但麦盖提依然是我魂牵梦绕的地方，我依然是当地老师的“智囊团”，我亲爱的学生依然是我的牵挂。来日照看大海，到山东上大学，在喜迎建党一百周年的2021年，我和我的孩子们期待着高考胜利的喜讯，期盼着约定达成的那一天。

《山东画报》在庆祝中华人民共和国成立70周年专刊《红色热土，盛世芳华》中收录了文章《于云霞：3500公里外的惦念》。这是我人生中最丰厚、最深重的礼物。

我一生，离不开父亲的爱，离不开父亲的滋养。时至今日，68周岁的他仍然坚守在工作岗位上，用他的实际行动践行着一名共产党员的使命。对于自己当初的选择，他说，干工作就是要到最需要的地方去，全心全意干好工作，不给组织添麻烦。这是父亲一直秉持并教导我的理念。我也丝毫不敢懈怠，认认真真做事，本本分分做人，以父亲为榜样，忠诚于党的教育事业，一步一个脚印，走好人生的每一步。

闲不住的老母亲。

母亲是一个农民,在家中排行老大,在那个重男轻女、物资匮乏的年代,母亲一天学也没有上。但母亲勤劳能干,朴实认真,善良开明,热心肠。邻居有事,会找母亲商议;邻居有困难,母亲会跑前跑后。只要母亲不忙农活,家里总会聚一些乡亲拉呱、喝茶。母亲干农活也是一把好手,家里的农活主要靠母亲张罗。面朝黄土背朝天了一辈子,母亲对土地有着令人无法理解的炽热的爱。

我一直苦恼于我的记忆力,儿时的事情能忆起的都是些零星片段。比如:数九寒天,上学路上在冰上打出溜,穿着厚厚的棉衣棉裤掉到水里;初中时在学校上完晚自习再回家已经很晚了,我胆子小,母亲就雷打不动地每天站在路口等我一起回家;晚上学习到很晚时,母亲会一边做着针线活一边在旁陪着我。记着有一次,因为学习太专注,我的棉袄被煤油灯点着了都不知道,幸亏有母亲在身旁。在我接到录取通知书时,正在做饭的母亲拉着风箱,流出了眼泪,她担心从未出过门的我去那么远的地方上学照顾不好自己;在吉林上学的四年,每次放假回家,母亲总会留着我最爱吃的粽子,做我最爱吃的葱油饼;即使现在,我也总是母亲的牵挂。

走再远,也走不出母亲的视线。

由于新疆和山东有两个多小时的时差,在我支教的两年多时间里,母亲每次打电话都要掂量下时间,想想哪个时间段打电话最合适。有一天,我因为加班到凌晨四点才入睡,早上母亲 8 点半给我打电话时我还睡意蒙眬,说话时鼻音有点重,母亲担心我有事,放下电话不久又让父亲打来了电话。为了能和我视频聊天,家里安装了宽带,不识字的母亲也学会了使用微信,学会了拍照,学会了看朋友圈。

走再累,只要母亲在,远方就不再遥远。

有一年,父亲腿部骨折,出院后为了方便照顾,父母就住在了我家。母亲不识字,以往母亲来我家,都有父亲陪着。但现在这种情况下,母亲想要自己回老家是有点困难的。我暗自窃喜,母亲终于可以休息一段时间,不用惦记着家里的菜地了。

我的窃喜没有持续几天。突然有一天,我上班时接到母亲的电话,让我猜猜她在哪儿？母亲自己乘坐公交车回家了！她说，买的蔬菜又贵又不安全，还是家里的菜吃着放心。我吃惊极了，母亲一天学没上，一个字也不认识，怎么坐车？我想起来都有点后怕。母亲得意地说，这点事难不倒她，别把她看扁了。原来才知道，母亲缠着父亲，让父亲告诉她怎么走最安全、最近、最方便。父亲就详详细细地把路线说了一遍，走几个路口？坐几路公交车？从哪站转车？又让母亲重复了几遍。就这样，母亲摸索着回家了。自此以后，母亲便隔三岔五地拖着小购物车来我家。有时我也佯装生气，嗔怪母亲这样来回奔波太劳累，买点吃多省劲。母亲就会很自豪地说，自己种的才吃得最放心，最有味道。

直到现在，母亲依然打理着她的小菜园，不定期地会拖着大包小包来给我送菜。我也慢慢理解了母亲对于土地的那种热爱，如同我对教育工作的那份执着和热爱一样，爱到骨子里，不觉辛劳。

有时我想，母亲沉迷耕耘，大概因为土地也从没有亏待、辜负过母亲。从我记事起，家里的粮食和蔬菜都出自母亲的手——面粉是自己种的麦子磨的，花生油是自己种的花生榨的，白菜、菠菜、油菜、韭菜、茄子、土豆、豆角、芸豆、大葱、大蒜、萝卜……只要能种，母亲总会在自己的田地里种上，乐此不疲。也正是因为母亲的勤恳耕耘，我们一家的生活一直有滋有味。

记忆里母亲的味道，总与这些食材有关。如果选两种食物代表母亲的爱，我想当属“咸饭”和“葱油饼”。

不知从什么时候起，我特别喜欢吃母亲做的“咸饭”和葱油饼。“咸饭”是一种用玉米面做的稀饭，每个地方的做法稍有不同，叫法也不尽相同。母亲的“咸饭”是把花生米剁碎，地瓜切小块，青萝卜搓成丝，先后放到锅里，加入清水后烧开，再把玉米面倒进锅里，翻滚融合，最后出锅前加一点点盐，就是美味可口的既充饥又解馋的“咸饭”。我喜欢吃里面的食材，又喜欢那个淡淡的咸味，特别可口，每次我都能喝两大碗。母亲做的葱油饼又香又脆，咬下去满口留香。

成家后，为了给自己解馋，我也尝试着做“咸饭”和葱油饼，但是总是没有妈妈做的好吃。我曾怀疑是原料的问题，可是即使所有的配料都和母亲的一样，我终究也做不出母亲的味道。

近些年，母亲上了年纪，身体不比从前。有一段时间，母亲腰椎间盘突出，严重的时候压迫到腿不能走路。每次看医生，大夫都嘱咐要适度活动，不能累着。我也反复劝母亲一定要注意，但母亲总是嘴上答应，手上还是不停地干活，且一干起来就废寝忘食。

母亲勤劳、执着、聪明，还与时俱进。不识字的她，自己学会了使用智能手机，会发红包、会拍照，甚至能转发朋友圈，能分享日常生活，会给好友点赞。对于母亲来说，学习这些是有些吃力的，但母亲总能自己琢磨明白，像她一点一点耕耘土地一样，最后硕果累累。同年代的大娘、婶婶们都很羡慕母亲。闲不住的母亲还通过刷抖音、快手等短视频，学会了各种美食的做法，并时不时地学着做给我们吃。母亲说，手机是个好东西，从手机上能学到很多东西。赶上了这么好的时代，不能落伍呀！

一分耕耘，一分收获。这是母亲一生的智慧。我曾经抱怨、嗔怪她的闲不住，却终究在她的荫蔽下，也成了一个闲不住的母亲。

教育之缘:扎实学识铸就专业自信

1996 年 7 月,我因优秀毕业生的身份可以自由选择工作单位。日照车辆段,临沂机务段还是日照铁路职工子弟中学?

我和家人对这几个单位的工作性质不甚了解。父亲说,一个女孩子,还是到学校比较好!报到的头一天,我自己做了个抓阄游戏,抓着啥就是啥!好像是冥冥之中的缘分,我抓到了学校。

就这样,我到日照铁路职工子弟中学报到了。到校后跟领导申请的第一件事是"不教课",于是我成为一名教务员。

认真的工作态度、踏实的工作作风让我很快适应了工作岗位。工作之余,不甘于现状的我继续学习,考取了经济师,购买了公务员图书……拥有各种志向和想法。直到真正走上讲台,才发现我是多么适合课堂,多么喜欢和孩子在一起。

20 世纪 90 年代,计算机课被纳入初中课程,任职教师紧缺,恰巧我在中专学习时修了计算机专业知识,所以我就自然而然地接过了学校的计算机学科教学工作。站上讲台的那一刻,看见一双双求知的眼睛,我找到了内心的归属和自己的价值所在。

然而站上讲台的我,却没有了往日的自信和底气。因为自己是"非科班"出身,我心存遗憾。怎么当好老师?怎么对得起一个个天真求知的孩子?怎么不辜负领导、老师、家长的期望?

我 1997 年和 1999 年两次被当时的济南铁路分局普通教育委员会表彰为"优秀团员";1998 年获学校钢笔字比赛第一名,粉笔字比赛第一名,教学基本功比赛一等奖;1999 年 3D MAX 作品"电磁感应"获济南铁路分局普通教育委员会二等奖。这些成绩的取得给了我信心和勇气。

"学高为师,身正为范"。业务能力过硬,才能让自己立足于三尺讲台。为此,我孜孜不倦,学而不厌。我于 2005 年在曲阜师范大学计算机科学与技术专业函授班本科毕业;2012 年取得山东师范大学现代教育技术专业的教育硕士学位;2012年考取了国家二级心理咨询师。

我深深地意识到课堂是落实有效教学框架的途径,是师生共同发掘知识内在魅力的场所,是知识、社会生活与师生深刻共鸣的集聚地。

我开始致力于打造属于自己的理想信息技术课堂。备课、上课、研讨,我在这个过程中乐此不疲;除了专业的学习,我还向其他学科教师请教,一有空就拿着小板凳听课。我经常会从其他学科的课堂中找寻灵感,然后应用于自己的课堂教学。山东省骨干教师高级研修班、名师名校长高级研修等,我珍惜每一次学习的机会。

我常常思考,信息时代,科技日新月异,作为信息技术学科的老师应该让学生从中学到什么?怎样学呢?近几年的任务驱动法等已经很成熟地应用于教学中,但根据诺威格定律,一种教学模式占有率超过50%后,就很难再使教学创新了。2015年泰山出版社出版的新版《信息技术》教材倡导"项目学习",完全解放学生的思想,强调让学生自主学习和探索,着重培养学生的创新精神和合作意识。我认为技术一直在更新,我们应根据学生的接受能力和信息时代的需求,从生活中挖掘教学内容,通过自主、合作、探究的方式,让学生在实践中思考、创新,在交流评价中提升,注重培养学生的综合信息素养。为有源头活水来,我逐渐形成了自己的教学风格——"有技有味",打造"信息技术活力课堂"。

功夫不负有心人。2006年我参加日照市初中信息技术优质课比赛获得一等奖的好成绩;2007年我代表日照市参加山东省初中信息技术优质课评比获得一等奖;2010年我被评为日照市初中信息技术教学能手;2015年经过基本功和说课比赛的选拔,我执教的"定格秋之美——图像的表现方式"斩获全国初中信息技术优质课展评一等奖。同年,我被聘为日照市初中信息技术兼职教研员;2018年经考核合格,我被认定为"日照名师";2019年4月,山东省教育科学院组织的"送教助研"活动走进滨州,我应邀参加,讲授了"技术再现诗词之美"课程,精彩纷呈,让人耳目一新;2020年8月我被评为日照市首批名师名校长工作室主持人;2021年我成为山东省初中信息技术特级教师工作坊成员。

"一辈子做教师,一辈子学做教师。"我不断地充电,用扎实的学识铸就自己专业的自信,走出了一条属于自己的专业成长之路。

越“赛”越美丽

我从一个半路出家的教务员转身成为登上讲台的专业教师，当初内心有着最朴素的目标：把课上好，不辜负每一个孩子求知的眼神。

搬着小板凳跟着老教师去听课；跟着专业的报纸杂志学上一节优秀的课；学心理学，为了更好地和学生沟通；学教育学，用教学理论指导实践；提升学历，考教育硕士……我用了很多种方式，花了很长时间，让自己成为一个好老师，践行自己的初心。而这一路上，让我成长最快，收获最多的，是我的赛课之路。

很多人对于优质课、公开课诟病满满，但是谁又能否认，赛课对于一个教师发展所起的重要作用。作为一线教师，没经历过赛课，不能说拥有完整的教育经历。赛一次课，如同扒一层皮，但赛课更是一种成长，一种幸福。

说来幸运，我从参加日照市优质课评选，到参加山东省优质课评选，再到代表山东省参加第四届全国初中信息技术优质课大赛，这一路走来，得益于领导的栽培，同事的帮助，自己的奋进，终获全国优质课一等奖，感恩所有的陪伴，感恩所有的遇见。

我一直很享受赛课的过程，它有团队力量的鼓舞，有超越自我的喜悦。大家交流、碰撞、探究、合作，助推自己不断发展。对此，我真的心怀感激。

最值得一说的是2015年11月，我代表山东省参加第四届全国初中信息技术优质课大赛。这次比赛不仅是我与各省教学能手站在国家级赛场一拼高下的机会，更是自我成长的一次挑战。对我来说，这次比赛，级别最高、耗时最长、耗费心力最多，得到的帮助最多，进步也最大。

得到参赛通知时，我正在新疆的学校支教。如何将现代信息教学植根在西北的土地上，我可谓不遗余力。白天日常的工作繁忙而劳累，备赛、备课只能在宿舍里挑灯夜战。

除了备课时间和地点的特殊性，我面临的最大挑战是教材的变更。2015年山东省泰山出版社的《信息技术》新教材出版，教学模式从任务驱动模式向项目教学模式转变,而我此时身在新疆,没有教材,理论知识也欠缺。

没有教材,我便让同事帮忙从家乡邮递到新疆。理论知识相对薄弱,我便见缝插针地学习、补充。此次磨课还有一大难题,没有原来线下面对面的备课团队。时间和空间的错位,导致我能和同事们的交流机会很少,备课更多地只能靠自己。一次次的思考,一次次的推翻;一次次的打磨,一次次的完善。我竭尽全力让课堂出彩,从教学理念到技巧都力求新颖,着力打造“有技有味”的高效课堂。学习、调整,字字琢磨,句句斟酌,对每一个细节做到精益求精。

2015 年 11 月,明媚的阳光装扮着湖南常德。我满怀激情和自信,从风光多姿的支教地新疆千里迢迢地奔赴常德,日照市教育局信息技术教研员候主任和我的同事辛老师携着日照的海风和我于此会合。

优质课展评活动在湖南常德外国语学校举行,为期 4 天,包括基本功测试、选手说课、优质课展评 3 大环节。

首先进行的是前两个环节基本功测试和说课比赛,来自全国各个省的 200 多名初中信息技术教师参加了技能大比拼。看了现场那么多同人的优异表现,此时的我忐忑多于自信。所幸,前期的准备丝毫没有白费,比赛进行得很顺利,现场的表现一如期待,但毕竟高手如云,心里还是有些许担心。

最煎熬的是等待结果。前两个环节结束后,老师依次出来等待结果。并不大的校园里,满满都是等待比赛结果的老师们。踟蹰、彷徨又有着期待。一种对未来的不确定感凭空拉长了时间,大有一种“一秒不出如隔三秋”的急切感。大家都在期待着,神情看上去超乎平静,但内心都是忐忑的,我也不例外,等待的时间很短却感觉很长。

全部选手比赛结束,评委老师当场宣布成绩。一个令人振奋的消息,我成功进入了最后优质课展评环节。这个消息一下子消除了自己的忐忑和所有的辛苦,一起陪同的候主任和辛老师悬着的心也随即放了下来,我们欣喜之余,马上全力以赴备课。

50 名脱颖而出的选手,进入了优质课展评环节,大家认真备赛,各显神通,精彩纷呈,充分展示自己的课堂教学风采。

我的参赛课是“定格秋之美——图像的表现形式”。面对专家评委，面对前来观摩的全国近900名初中信息技术教学一线教师，课堂上的我没有丝毫紧张，依然自信满满，亲切地和学生互动，课堂气氛好，学生积极性很高。我在这个赛课的舞台上尽情展示着活力课堂的风采。

通过评委专家认定，我最终荣获全国优质课一等奖。

回想起受益匪浅的比赛，我满满的感动，感动于大家精彩纷呈的技能比拼和课堂展示，感动于自己的努力进取。

赛课带给我们的是实实在在的奋进的快乐，在这个舞台上，大家不会拒绝成长。

随着赛课次数的增多，有一种精神和力量悄然融进血脉。经历了奋斗的美好，欣赏了赛课的争奇斗艳，自己不懈奋斗的热情也被燃起。

回顾这些年来赛课的经历，我不仅在奋斗中收获了经验，也在奋斗中收获了成长的喜悦，收获了宝贵的精神财富。